광주전남시조시인협회 사화집

광주정신을 찾아서

김종 作, 따뜻한 無等山.

광주전남시조시인협회 사화집

광주정신을 찾아서

2025년 7월 12일 인쇄
2025년 7월 17일 발행

엮은이 광주전남시조시인협회(회장 서연정)
자문위원 전원범 김종 노창수 문주환 이한성
추진위원 고경자 유헌 임성규 정혜숙 조민희 차상영 최양숙

펴낸이 강경호 편집 강나루 디자인 정찬애
펴낸곳 도서출판 시와사람
등록 1994년 6월 10일 제 05-01-0155호
주소 광주시 동구 양림로119번길 21-1(학동)
전화(062)224-5319   E-mail jcapoet@hanmail.net

ISBN 978-89-5665-781-3   03810

·잘못된 책은 구입하신 서점에서 바꾸어 드립니다.
·이 책은 광주광역시 2025문화예술민간단체 지원사업에서 제작비 일부를 지원받았습니다.
·값은 표지에 있습니다.

이 도서의 국립중앙도서관 출판예정도서목록(CIP)은
서지정보유통지원시스템 홈페이지(http://seoji.nl.go.kr)와
국가자료종합목록 구축시스템(http://kolis-net.nl.go.kr)에서
이용하실 수 있습니다.

ⓒ 광주전남시조시인협회, 2025

이 책은 저작권에 의해 보호를 받는 저작물이므로
출판사와 저자의 허락 없이 무단 전재와 복제를 금합니다.

광주정신을 찾아서

광주전남시조시인협회

시와사람

책을 펴내며

날아오르라 광주여
날마다 새롭게 열창하는 새처럼

서연정
(광주전남시조시인협회 회장)

본래 평화로운 고을이다. 어느 집이건 음식이 맛깔스럽고 예술을 아끼는 사람들이 서로를 도와 가며 사는 고을, 바로 빛고을 광주다. 아마도 '비할 데 없이 높고 큰 산' '등급을 매길 수 없을 정도의 고귀한 산'이라는 의미를 가진 광주 전남의 진산鎭山 무등산의 위용을 닮아서일 것이다. 이곳 사람들은 아주 오래전부터 정의를 사랑하고 불의를 미워한다. 임진왜란, 한말, 일제강점기, 근·현대에 이르기까지 숱한 차별과 혐오를 타파하고 의로움을 지키기 위해 떨쳐 일어나 투쟁해 왔다.

어느 시대건 폭압에 저항하고 자유를 쟁취하려는 민주화의 과정에는 엄청난 희생이 따른다. 광주는 그것을 증언하듯 우리나라 근·현대사의 아픔과 상처를 온몸으로 겪었다. 광주는 육체적 정신적으로 골격 근육 혈관이 손상된 사람들의 신음으로 얼룩졌다. 폄훼 모욕 고립 속에서 무릎을 꿇기보다 독재의 질곡을 벗기 위해 몸부림쳤고 그 고통의 현장은 이제 '민주의 성지'로 자리매김했다.

올해는 5·18민주화운동이 일어난 1980년으로부터 제45주년이 되는 해이다. 사람들은 광주에 찾아와서 '민주 평화 인권 나눔의 공동체 정신'을 소망하고 확신하며 그러한 변화를 일으키는 힘이 우리 내부에 잠재되어 있음을 깨닫는다. 광주와 함께 스스로 새로워지기 위하여 늘 깨어있는 이들의 가슴은 애틋한 서사와 다사로운 서정으로 그득하다. 그 마음들을 이 사화집에 담았다. 우리 겨레 천년 숨결 '시조'를 통해 마땅히 앞으로 천년을 이끌어갈 '광주정신'을 톺아봄이니, 더욱 뜻깊은 책이라 하겠다. 광주의 정신과 역사, 시공을 성찰하고 사유하는 시인들의 세계 속으로 그림, 사진, 글씨가 스며들었다. 예술적 융합이 아름답고 자연스럽다.

시인들의 육성 속에서 '광주정신'은 절절한 아픔으로 먼저 다가온다. 어쩌면 진실과 마주할수록 지워지지 않는 통증과 필연적으로 만나게 되는 듯하다. 그럼에도 우리는 고통을 극복하려는 의지와 '민주 평화 인권 나눔 공동체의 정신'으로 꽃피울 미래를 향한 열망을 간직하고 있다. 그렇기에 우리는 움츠렸던 날개를 활짝 펼치고 너나없이 기쁘게 힘차게 날아오르기를 염원한다. 갸륵한 마음으로 날마다 자유와 평화를 열창하는 새처럼 신명 나게 살아보기 위하여.

이번 발간과 전시를 지원하고 협조해주신 광주광역시청, 광주교통공사, '광주정신'을 집필하신 시인 김준태 선생, 시조에 감성을 더해주신 서화 작가분, 시화 제작 기획사, 출판사에 감사드린다. 뿌듯한 이 보람을 자유와 평화를 사랑하는 시인들과 나누고 싶다.

2025년 한여름

광주정신을 찾아서 수록작가

강경화 강대선 강성남
강성재 강성희 강원산
강태산 고경자 고미선
고정선 곽호연 권현영
김강호 김교은 김기평

김난옥 김미진 김선일 김수진 김승재
김영자 김옥중 김 종 김진혁 김현경
김현장 김화정 나관주 노창수 노태연
문제완 문주환 박래홍 박성민 박성애
박정호 박정희 박진남 박현덕 백학근

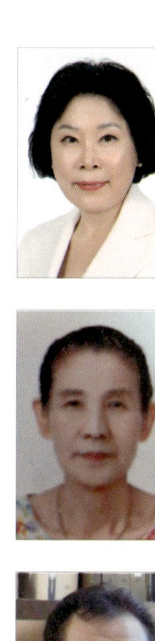

광주정신을 찾아서 수록작가

서연정 손형섭 송선영
안천순 양기수 여동구
염창권 오미순 오재열
용창선 유춘홍 유 현
윤갑현 윤삼현 이경로 이광호

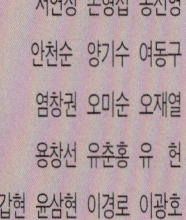

이구학 이금성 이명희 이문평 이상호
이성구 이소영 이송희 이재창 이전안
이한성 임성규 임순희 전원범 전학춘
정경화 정문규 정혜숙 조민희 조윤제
차상영 최문광 최미선 최양숙 최정애

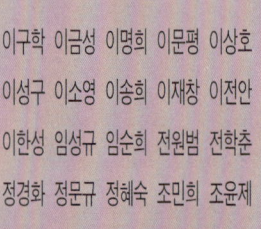

광주전남시조시인협회

광주정신 시서화전

일시 : 2025. 7. 21(월). ~ 7. 25(금).
장소 : 광주광역시 상무역

광주전남시조시인협회 광주정신 지상 시서화전 참여작가

강성재　강성희　강원산　고경자　고미선　곽호연　권현영　김강호
김미진　김선일　김수진　김영자　김　종　김진혁　김현정　나관주
노창수　노태연　문주환　박래홍　박성애　박정희　박진남　백학근
서연정　손형섭　송선영　용창선　유　헌　윤삼현　이경로　이구학
이금성　이명희　이성구　이소영　이한성　전원범　정문규　조민희
조윤제　최문광

운동화

강성희

딱딱히 굳은 운동화가
울고 있을 당신에게
무슨 죄를 지었기에
저리도 신발하게
목덜미 후여넣으며 자백自白을 강요할까
툭
구겨줄 토하듯
숨 막히게 짓눌려도
낯설고 맞은 언약
저 세상 가지 못하고
고사하지 않는 길이고 가십이라

오월 꽃등

강성재

잎문을 열고 들면 역사는 살고 있어
손 모아 합장하고 향 피운 광장에서

오월은
자비의 시간
연꽃등을 밝힌다

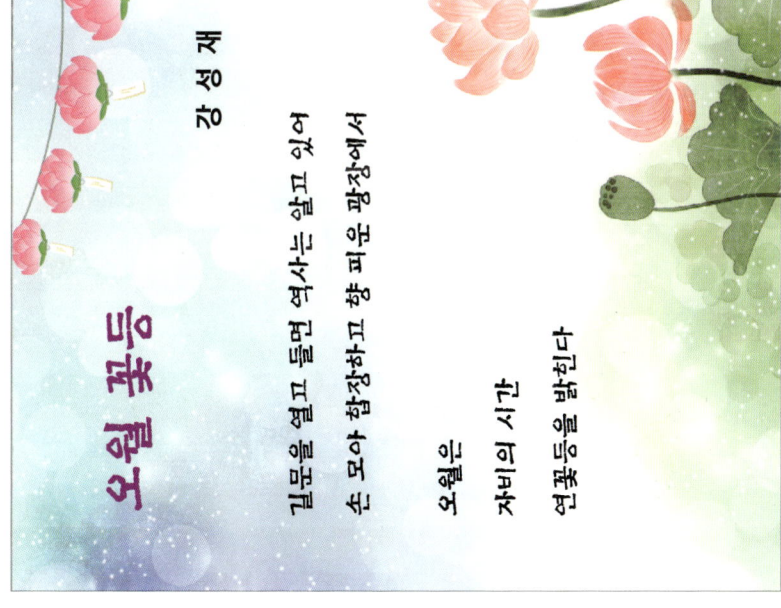

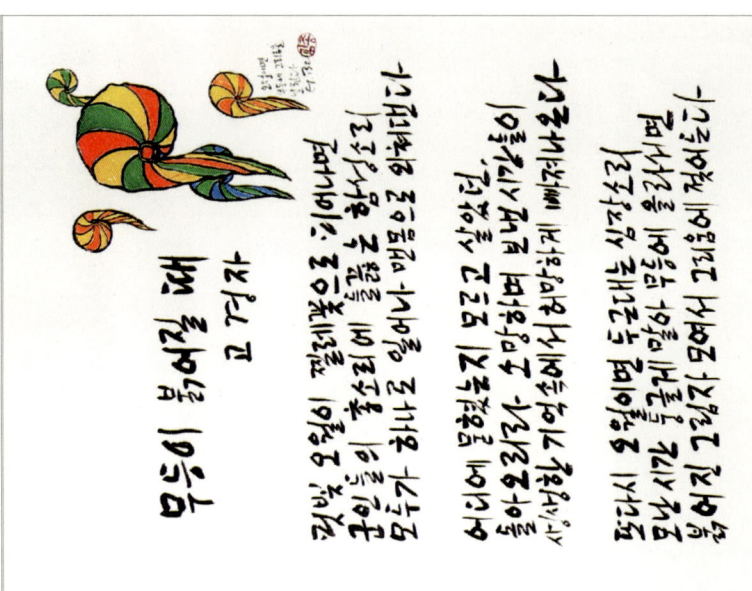

고정자 「무등이 붉어질 때」

강원신 「빈집」

「망월동은 아직도 산 잔디다」 곽호종

「오월의 소리」 전미교

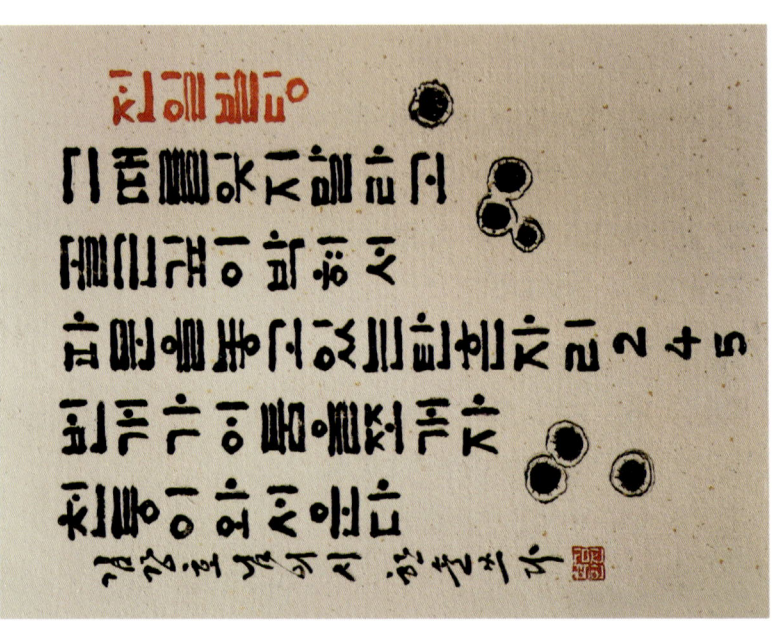

김강호 「정의발딩」

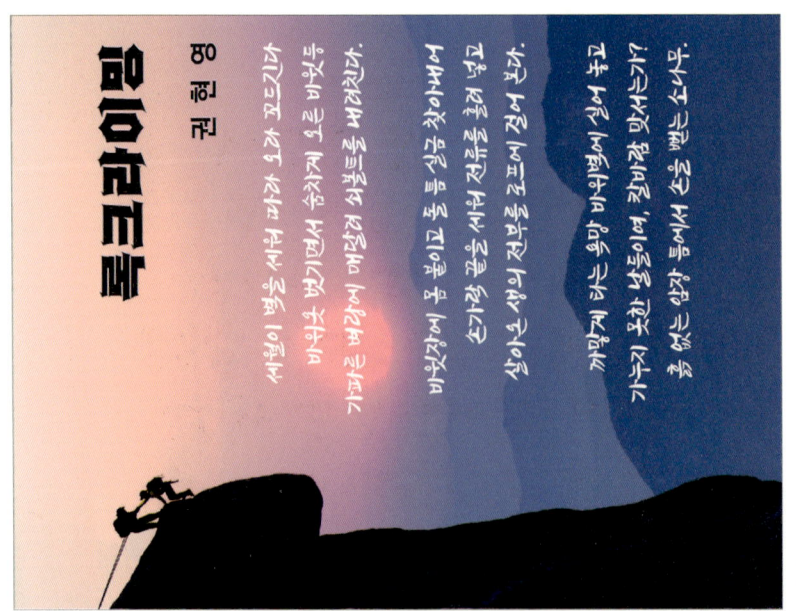

권현영 「목련아피다」

14 광주정신을 찾아서

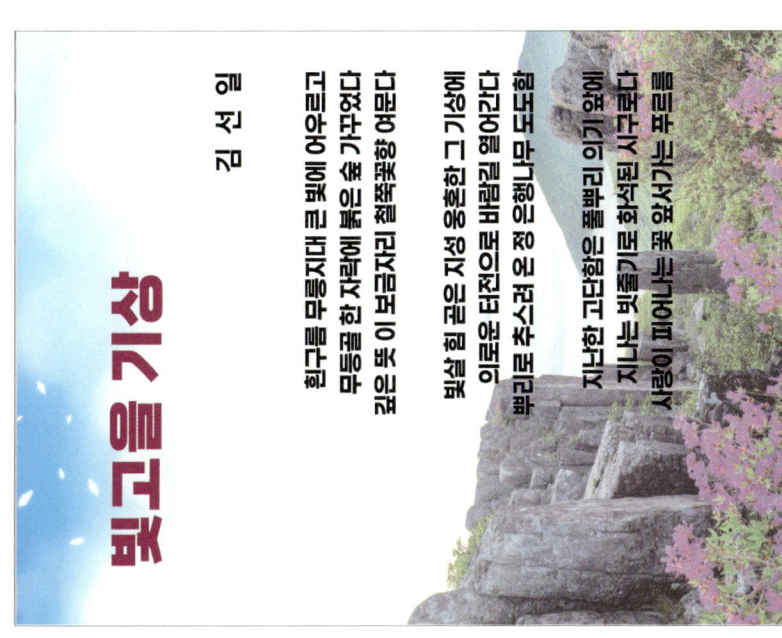

빛고을 기상

김선일

흰구름 무릉지대 큰 빛에 어우르고
무등을 한 자락에 붉은 숲을 가꾸었다
같은 뜻 이 보금자리 철쭉꽃향 어둔다

빛살 힘 곧은 지성 웅혼한 그 기상에
이로운 터전으로 바람길 열어간다
뿌리로 추스려 온 정 은행나무 도돔함

지난한 고난함은 불뿌리 의기 앞에
지나는 빛물기로 화석된 시구로다
사랑이 피어나는 꽃 앞서가는 푸르름

김선일 「빛고을 기상」

김미진 「5·18 아웃사이더의 고백」

그날이 오면

김영자

눈뜨면 떠오르는 갈무리 할 기억들
어제처럼 생생하게 아침인사 건네온다
가슴 속 응어리처럼 풀림 없는 파편들

건너온 사십오년 세월강 푸르른데
금남로 붉은 피 장마에도 못 씻겨
중학생 짧은 머리띠 아로새긴 그 이름

민주화 시민 학생 한 맘 된 어깨동무
맨몸이 나아간들 총칼이 무서울까
영령들 세계로 넣어 들불처럼 번지리

김영자 「그날이 오면」

5월의 이름으로 불러보는 민주여

김수진

그날의 진혼곡이 심장에 박혀 있어
저녁놀 내려앉은 망월동 묘비 앞에
민주여, 넘 불렀건만
꽃보다 먼저 졌구나

어둠 걷고 오마하던 그 말을 증언하며
날날이 젖은 옷에 수놓아 새긴 별님들
숨 가쁜 발걸음 소리
어린 가슴 돌아나간다

군홧발에 쓰러지고 뭉개지던 민주의 꿈
봄이면 붉은 슬픔 허공에 넣어두고
바람 속 군게 서 있다
오월의 이름으로

김수진 「5월의 이름으로 불러보는 민주여」

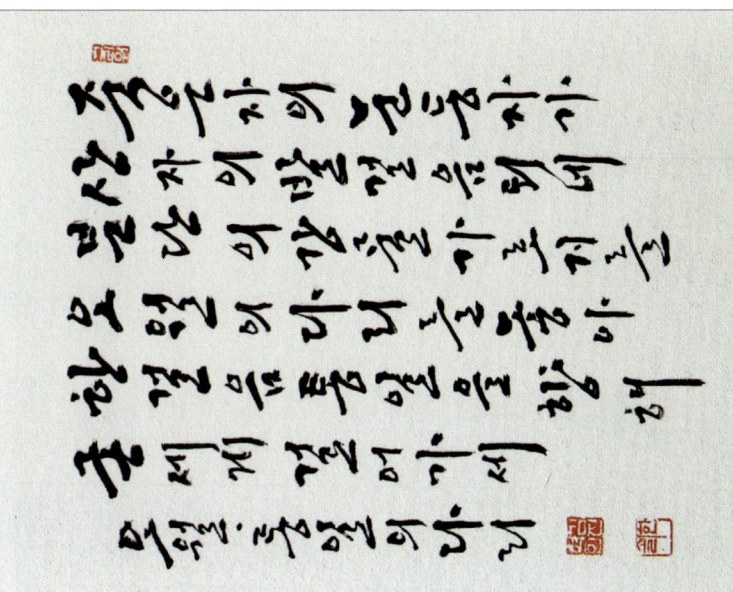

김진현 「오월, 풀잎의 노래」

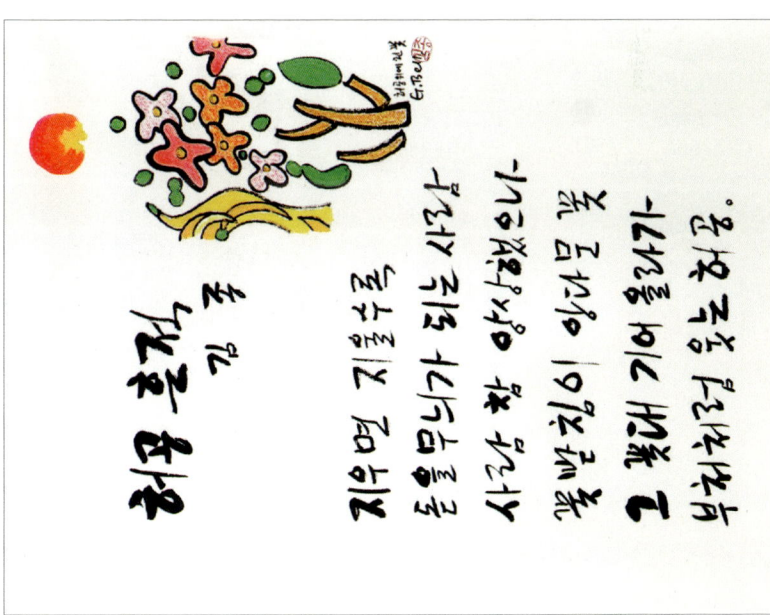

김준 「해홍 춘사」

대한민국

나 권 주

밤 하늘의 별빛 지리 두류 설악 정상 쯤
두류 낙동 금강 섬진 그리고 제주도
한강
대하해협
태평양의 푸르는 넘실

한반도의 세로 요철 요철의 기상 이 문양
별도 하나 꽃도 하나 열풍도 하나님의
주어지나
남과 북의 중동

별빛을 민주 신사시대의 장엄
방기진 얼굴 들녘의 풍요
민주도
배려의 가슴
이어댄다 빛 세계

우도 등 아마니 주가도 하나이기
민주이 들어 아마 주민도 하나이기
특별은 통일
민주로 가우 사이로호

나권주 「대한민국」

이팝나무

김 현 정

저물녘 새 한 마리 하공을 쪼아대고
우둑히 떨어진 이팝나무 흔들림에 찢어간다
수북이 떨어진 하얀 꽃잎이 들썩이는 신작로

그날도 그랬지 오월의 노래 부르며
하기진 눈빛으로 이팝꽃 바라보던 날
사람들, 피맺힌 춤 춤추자고 분기탱천하던

이랫목에 묻어두었던 주인 없는 구기방 한 그릇
바람도 쌓이 기다림 속 가슴은 식어가고 어쩌나
바람도 가슴이 에이는지 꽃가지만 움켜쥔다

김현정 「이팝나무」

오월 광주

노태연

비 바람 포 풀, 오월
상처를 어루만지네
하나 하나 흙 땅해
봄비 비문에 새긴
그날의 봄을 찾아
가지마다 매달린

노태연 「오월 광주」

무등산

눈부신 초록을 타고
구비구비 산허리 감싸며
오르내리며 큰 붓으로
새로이 채우는
푸르른 숨결이여

노창수 「무등산 숨비울」

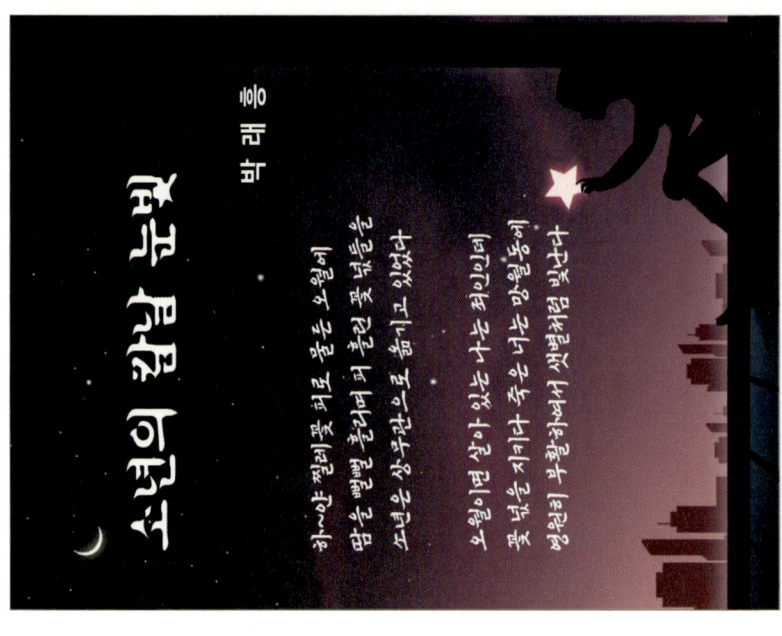

가시장미

박정희

꺾어져 멍든 가시
망월에 묻힌 추억
기억 속 피켓 들고 함성만 외쳤지만
외면도 궤변도 이제 장미보다 가시다
홀연히 기차 타고 광장으로 스며드니
노도의 반딧불들 산 자여 따르라고
민중에 핀 가시장미 오월의 밤 붉디붉다

박정희 「가시장미」

아카시아꽃

박성애

매해 오월 핀 울음들
아카시아
그 꽃이어라

도청 앞 광장에서 자유를 부르짖던 시민들,
상무대 안 피흘려가며 진주 엄마 울음 물던 소년도,
어둔 창해 불 밝히던 그도 함께하면,
오월은 가슴 가득 사무치게 아파서 꽃으로 중으로 흩날렸었네
그날에
오월 광장에서
힘 옷 입고
사무치아네

박성애 「아카시아꽃」

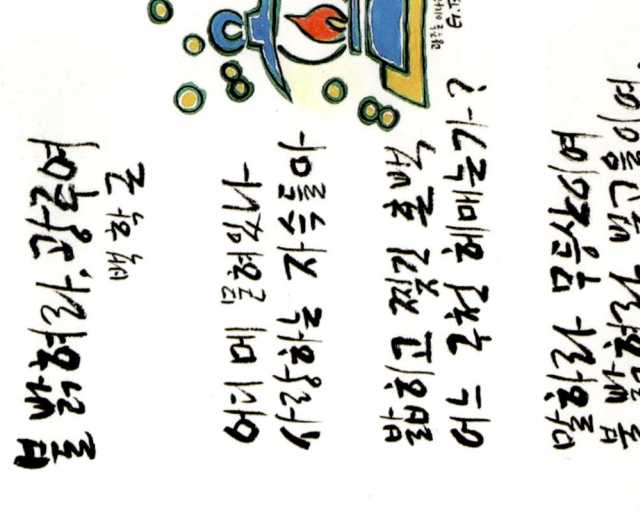

배현근, 「광주정신」

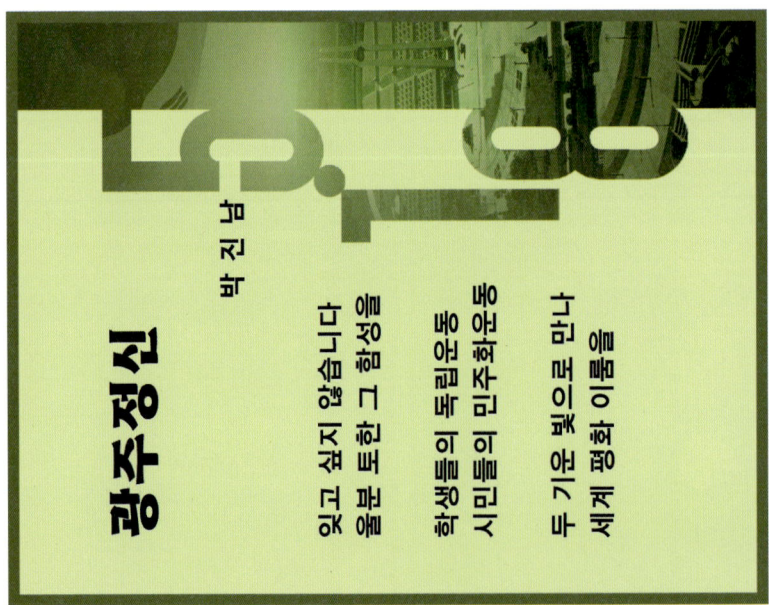

박진남, 「광주정신」

손형선 「금남로에서」

금남로에서

금영선

푸른 산 정기 어린
빛 고운 5월의 토벽
김대중
민주를 갈망하는
정의의 깃발 들고
우리는
금남로 네거리
독재 항거 대열에서
자유와
평등 민주를 외치다
조국과
민족 수호 위해
불의와 부정을 타파
태양은
참은 날 순국 되었다.

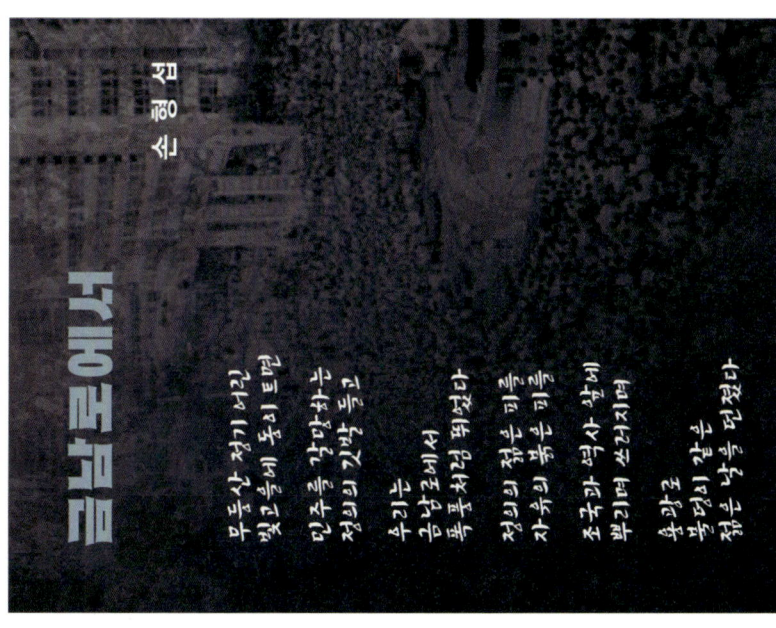

서연정 「때 벚꽃 눈부실 때」

벚꽃이 눈부실 때
내 안의 사랑이 오고
해야리지 못할 꽃들로
가장 큰 꽃이 피어
눈부시게 애틋한
벚꽃같은 사람들

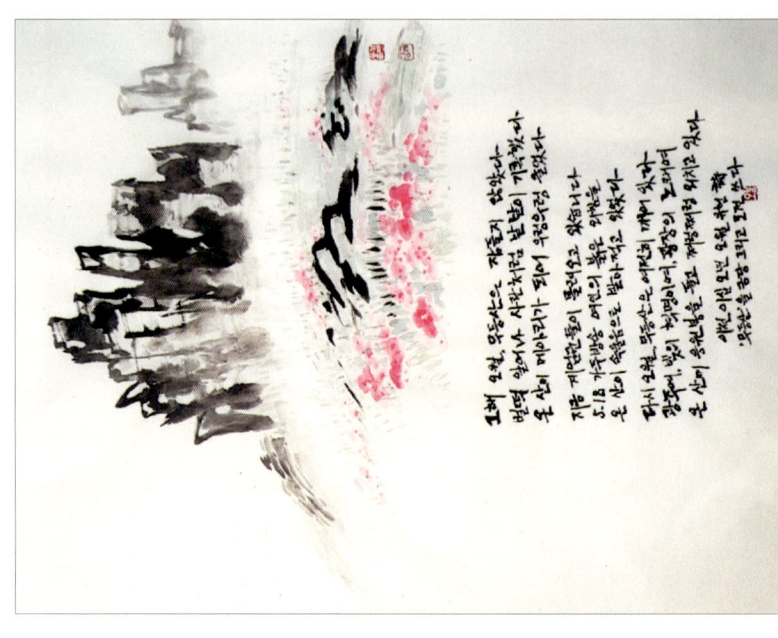

유현 「무등산」

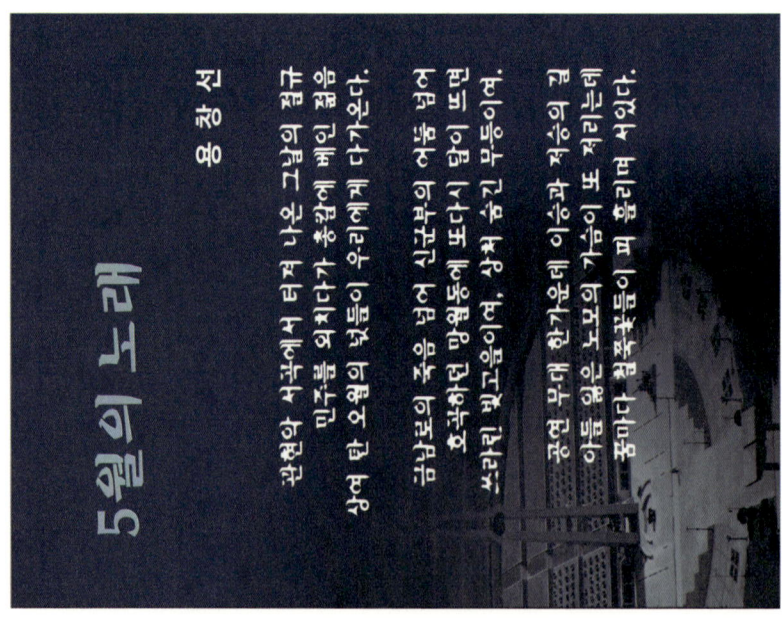

5월의 노래

용창선

찬연한 서녘에서 타서 나온 그날의 붉은
민주를 외치다가 총창에 베인 젊음
상혀 한 오월의 붉음이 우리에게 다가온다.

금남로의 죽음 넘어 신군부의 어둠 넘어
호곡하던 망월동에 또다시 담이 숨긴 무등이여,
쓰라린 빛고음이여, 상처 숨긴 무등이여.

푸연 무덤 한가운데 이승과 저승이 갈
아픔 없는 노모의 가슴이 또 저리는데
홀미나리 활짝솟듬에 피 홀리며 서 있다.

용창선 「5월의 노래」

그날의 진실

이경로

주먹은 개 대가리라며 웃음이나 흐으이오
평화로이 날아가던 백선은 총과 먼지
보이는 주시 불랐던
민중은 잠겼었다

이경로 「그날의 진실」

무등을 읽다

윤 상 현

초록 한껏 물들여
무등은 녹음을 벗고
축 받게 이마를 깨워
책을 펼쳐 앉는다
푸른 상
빈 배때기 내미는 홀림
경전의 갈증 홀림

적송의 기둥 틈새
터져나온 바다 한 장
성급한 걸음으로
부정맥을 다독이다다
보았다
누구도 대신하지 못할
저 대속의 물굽이

윤상현 「무등을 읽다」

우리 가는 길

이 금 성

중은 가지 잘라내고
새순을 키워내니

잎주라는 나무는
굳 뿌리를 내렸네

우리는
그 나무 잡고
대대손손 가리라

이금성 「우리 가는 길」

이주移住한 천불천탑

이 구 학

— 와불臥佛 근처

구름이 자는 정에 두 부처 바람났네
사내부처 계집부처 나란히 누워서는
천년을 사랑하고서도 일어나기 싫다하니…

감실龕室 속 두 부처는 먼 산만 바라보고
북두칠성 깜짝 놀라 행방을 돈 부라려도
눈물을 진째 닦이 울던 깨우라며 다시 감네

— 천불 천탑

그 소문 전해 듣은 중장터 간 미륵들은
황망히 돌아왔는지 처럼새 영망진창
얼굴을 일그러트리고 여기저기 숨어있네

옥동자 낳아달라 손 모으며 쌓은 천탑
오월이 거리로 가 총검 맞서 누웠나니
발언發言은 보름달별月 품에 우뚝 우뚝 환생했네

이구학 「이주한 천불천탑」

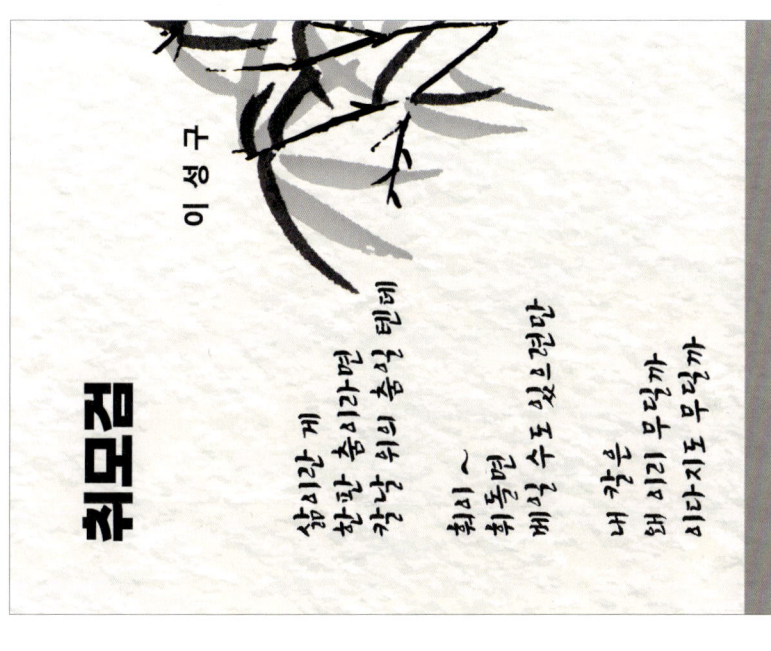

침묵

이 성 구

내 안은
뒤 죽박죽이다
현미
활동만 가득한데

대답할 수 조차
없다

반딧불이 춤이야 한들
반딧불 춤이나 가지고
사시사철 때

이성구 「귀모집」

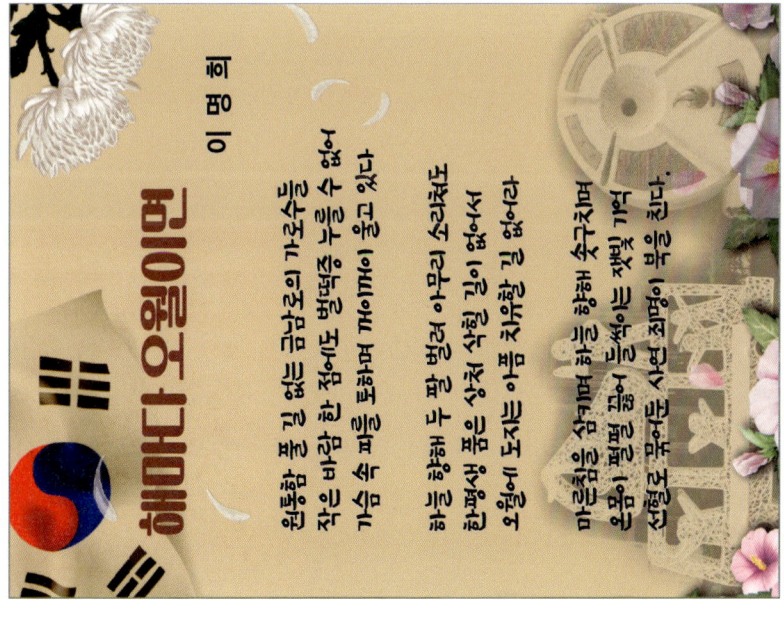

해마다 오월이면

이 명 희

연둣빛 풀 길 들 없는 금남로의 가로수들
작은 바람 한 점에도 벗덕숨 누를 수 없어
가슴 속 파릉 토하며 까마귀 울고 있다

하늘 향해 두 팔 벌려 아무리 소리쳐도
한평생 품은 상처 수렁 깊이 없어서
오월에 도지는 아픔 치유할 길 없으리

마른침을 삼키며 하늘 향해 숙구치며
온몸을 펄펄 끓어 들썩이는 재빛 기억
선혈로 묻어둔 사연 죄망이 묻음 운다.

이명희 「해마다 오월이면」

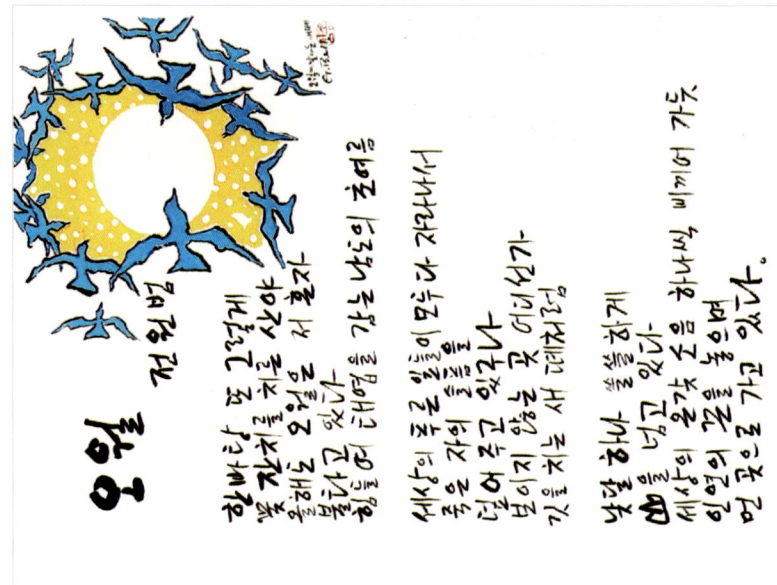

전원범 「오월」

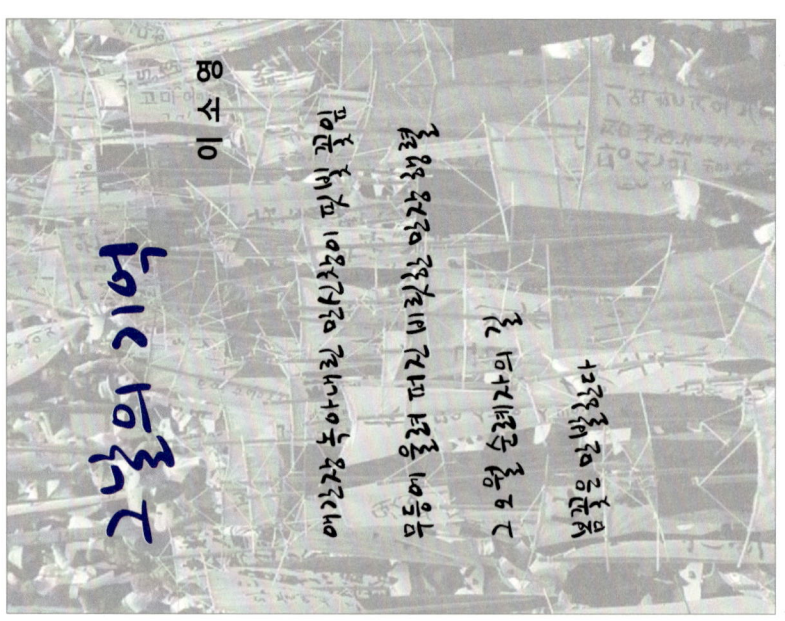

이영선 「오월의 기억」

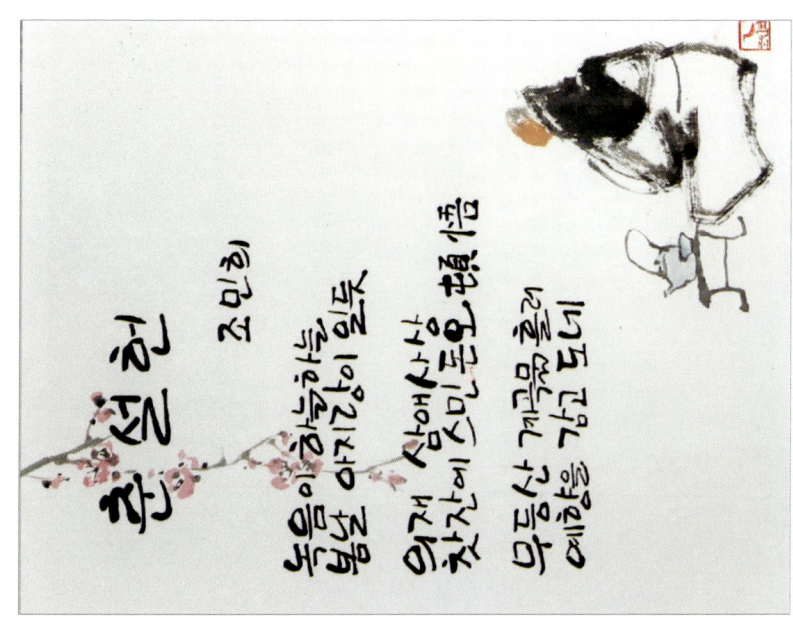

조민희 「춘설희」

정만규 「오월 광주」

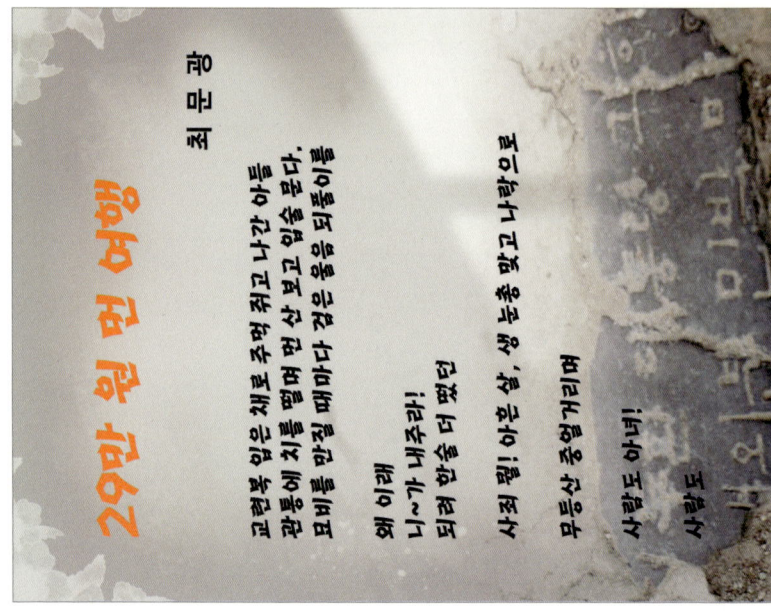

29만 원 먼 여행

최 문 광

교련복 입은 재로 주먹 쥐고 나가
광통제 지를 뻗어 멀 보고 산다가
포폐를 안지 말에 따매 들 숨 아들이

사랑도 주렴
아니 돈이라도 주렴
무등 중신도 싫다 아니 저리
너~가~라!
더 안쓰럽다!
더 숨기를 바라며

최문광 「29만 원 먼 여행」

오월의 모다깃비

조 윤 제

그 비가 겨울내 음지의 눈더미를
간바늘 누여가며 쓰다듬게 대루던 봄
따뜻한 봄은 왔건만 잎은 추가나불네

해무은 장독대 향아리 또 꺼 위해
파는 도에 빙 울을 몇 모이든어서
그 오월 저정을 싶고 보며 먹는다

뭇내로 재위새로 내림편 그 비아
찢구나무 가지 틈에 은구슬처럼 매달린
강물 운도도 새싹을 지그시 바라본다

조윤제 「오월의 모다깃비」

송선영 「奴只의 불빛」

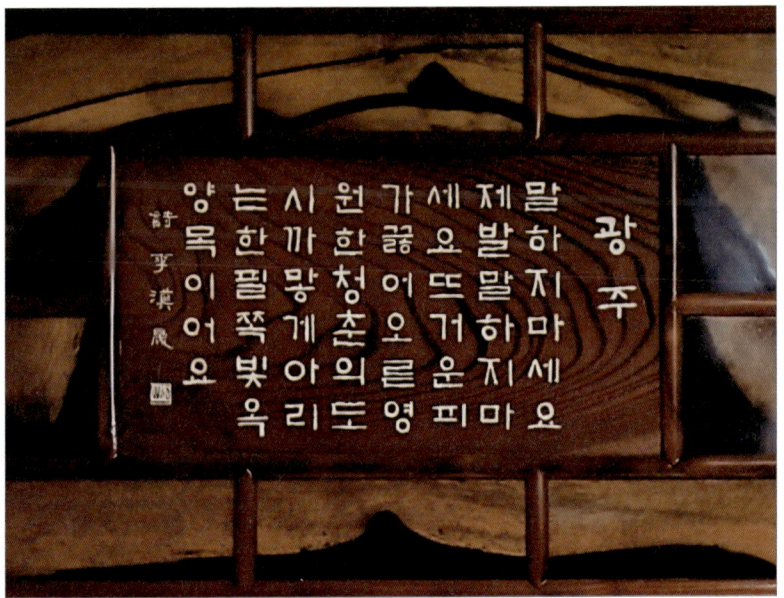

이한성 「광주」

광주정신을 찾아서

C
O
N
T
E
N
T
S

책을 펴내며 _ 서연정 / 4
수록작가 / 6
광주전남시조시인협회 광주정신 지상 시서화전 / 11

5·18 제45주년을 기념하며 _ '광주정신'의 역사성·현재성·영원성 _ 김준태 / 38

강경화   망월동에서 / 50
강대선   설 대목에 / 51
강성남   오지 않는 봄날 / 52
강성재   오월 꽃등 / 53
강성희   운동화 / 55
강원산   빈집 / 56
강태산   민주의 땅 / 57
고경자   무등이 붉어질 때 / 58
고미선   5월의 소리 / 59

고정선	5·18, 우리 이날은 /	60
곽호연	망월동은 아직도 선잠 잔다 /	61
권현영	록크라이밍 /	62
김강호	전일빌딩 /	63
김교은	오월의 씨앗 /	64
김기평	어쩌다, 분재 /	65
김난옥	대한민국 /	66
김미진	5·18 아웃사이더의 고백 /	67
김선일	빛고을 기상 /	68
김수진	5월의 이름으로 불러 보는 민주여 /	69
김승재	오월 장미 /	70
김영자	광주의 세레나데 /	71
김옥중	득음得音 /	72
김 종	배중손 생각 /	73
김진혁	오월, 뿌리내리다 /	75
김현경	이팝나무 /	76
김현장	경계의 해체 /	77
김화정	아가야 /	78
나관주	대한민국 /	79
노창수	무등산 솔방울 /	80
노태연	오월 광주 /	81
문제완	화정동 국군 통합병원 /	82
문주환	그, 오월 /	83

광주정신을 찾아서

박래홍　소년의 칼날 눈빛 / 84
박성민　사물이 거울에 보이는 것보다 가까이에 있음 / 85
박성애　아카시아꽃 / 86
박정호　말바우 지나며 / 87
박정희　가시장미 / 88
박진남　광주정신 / 89
박현덕　無等을 생각하며·5 / 90
백학근　불 밝혀라, 광주여 / 91
서연정　눈물 광주 / 92
손형섭　금남로에서 / 93
송선영　귀성록歸省錄 / 94
안천순　그날은 자비의 날이었다 / 95
양기수　그 사람들이 광주사람들이여 / 96
여동구　미화요원의 일기 / 98
염창권　저, 두메 / 100
오미순　꽃의 기도 / 101
오재열　진혼곡 / 102
용창선　5월의 노래 / 104
윤춘홍　그해 겨울 / 105
유　헌　무등산 / 106
윤갑현　합수 윤한봉 생가에서 / 107
윤삼현　무등을 읽다 / 108
이경로　그날의 진실 / 109

이광호	아픈 열매 /	110
이구학	이주移住한 천불천탑 /	111
이금성	우리 가는 길 /	112
이명희	해마다 오월이면 /	113
이문평	촛불의 심장 /	114
이상호	매화꽃 /	115
이성구	취모검 /	116
이소영	그날의 기억 /	117
이송희	그때 그 소년 /	118
이재창	光州에 관하여 /	119
이전안	무등산에 관하여 /	120
이한성	5·18 광주 /	121
임성규	난민 /	122
임순희	광주호 /	123
전원범	오월 /	124
전학춘	눈 덮인 무등산 /	125
정경화	이팝꽃 필 때 /	126
정문규	오월 광주光州 /	127
정혜숙	그날 /	128
조민희	무등 서설瑞雪 /	129
조윤제	오월의 모다깃비 /	130
차상영	별이 되어 잠든 님 /	131
최문광	29만 원 먼 여행 /	132

광주정신을 찾아서

최미선 이슬 / 133
최양숙 당신은 오월에 맞춰져 있다 / 134
최정애 갈피끈을 넘기며 / 135

서화 작가 약력 / 136
광주전남시조시인협회 회원 약력 / 137

5·18 제45주년을 기념하며

'광주정신'의 역사성·현재성·영원성

– 생명과 평화와 공동선共同善 추구

김준태
(시인, 前 조선대교수, 5·18기념재단이사장)

'광주정신'의 역사성·현재성·영원성
-생명과 평화와 공동선共同善 추구

김준태(시인, 前 조선대교수, 5·18기념재단이사장)

'광주정신'(Gwangju Spirit or Gwangju Espirit)은 무엇인가, 어떻게 태어났는가, 그리고 오늘과 내일…미래의 역사 속에서 그의 패러다임 혹은 영원성은 무엇인가.

1980년 5·18항쟁 당시, 국내 언론은 신군부 계엄사의 보도지침에 따라 '광주'라는 고유 지명 뒤에 '사태'를 붙여 '광주사태'라는 복합명사를 만들었다. 반면 외신은 'Free Kwangju(자유의 광주)' 혹은 'Kwangju Uprising(광주봉기)'이라고 Kwangju라는 고유명사 앞뒤에 Free라는 형용사를 수식으로 놓거나 Uprising이라는 명사를 붙여서 당시의 광주에 상징적인 메시지를 담아 기사를 내보내고 있다. 좀더 자세히 말하면 '자유의' '봉기蜂起'의 뜻을 가진 Free와 Uprising을 붙여서 '광주'와 광주시민들에 대한 뉴스, 나아가 내적 외적 상황과 광주항쟁이 의미하는 것을 함축적으로 또는 보다 커다란 의미망意味網·Semantic Network을 풀어서 세계인들에게 보여주었다. 어떤 외신에서는 'Kwangju Incident(광주사건)'라고 표기한 곳도 있지만 대부분의 외신은 그들이 누리는 '탐사보도'를 통하여 'Kwangju Uprising(광주봉기)'이라고 명명하면서 당시의 뉴스를 전하고 있다. 이후 항쟁 관련 전문 책자들도 자연스럽게 '광주시민항쟁 혹은 광주민중항쟁'으로 '오월광주'를 폭넓게 사용하고 있다.

우리가 어떤 역사적 사건을 기록할 때 그 명칭은 대단히 중요하다. 결국 사건의 모든 과정과 그것이 담고 있는 내용은 하나의 코드 혹은 하나의 아이콘 안에 담겨지기 때문이다. 5·18광주항쟁도 그렇다. 당시 국내 뉴스매체는 모두 계엄사의 검열을 거쳐야 했기 때문에 항쟁의 정신과 본질을 왜곡·격하시키는 단순한 '사태'로서의 광주만을 보여주려 했다. 학살을 자행한 계엄군을 향해 벌떼처럼 일어난 시민들을 '폭도'라고 규정함이 우선 '사태'라는 말과 음흉하게 맞닿아 있는 것이다. '폭도'라는 말은 일제 식민통치자들이 갑오동학혁명과 한말의병투쟁, 35년간의 조선반도 강점기를 거치면서 한국의 민중들에게 붙인 식민통치언어 중의 하나로 알려져 있다.

외신과 광주항쟁을 연구하는 학자들은 항쟁기의 시민들을 프랑스혁명기의 파리 시민들과 같이 보고 있는 것이다. 자유와 평등과 박애(사랑)의 정신으로 무장된 1789년의 파리 시민들. 그들 속에서 솟아 나왔던 시민혁명의 의미와 에너지가 1980년 5월 광주에서도 발현된 것으로 보고 광주항쟁을 전시민적 봉기로 뉴스화한 것이다.

따라서 광주항쟁은 광주시민봉기로 규정되어지면서 '광주정신'으로 회자된 것이다. '광주'가 고유명사가 아니라 보통명사로서 새롭게 태어났다는 사실이다. 예컨대 오늘의 대한민국은 물론 인류가 지향하는 또는 지양하고자 하는 보편적 가치와 문화 즉 공동선共同善과 공동체문화 등을 10일간의 항쟁과 그 이후 계속되는 항쟁 속에서 줄기차게 보여주었다는 점일 것이다. 광주가 보여준 위대한 시민정신은 먼 옛날부터 한반도 전역에서 우리들 몸과 마음속에 내재되어왔던 생명존중, 인간에 대한 존엄사상에서도 찾아질 수 있기에 그 보편적 가치가 크게 인정되는 것이다.

5·18광주항쟁이 그 처절한 상황 속에서도 잉태·생산한 '광주정신'은 다음과 같이 정리된다. 도시 전체가 계엄군에 완전 봉쇄되고 모든 언론이 멈추고(신문제작과 방송이 정지되고), 버스와 기차, 비행기가 차단되고, 시

외통화도 불통되고, 절해고도와 같이 봉쇄되었어도 시민들에게는 생필품이 바닥나지 않았다. 서로 나눠 먹고, 나눠 입고, 나눠 사랑하고, 시민들끼리는 하나같이 운명공동체, 시민공동체, 자치공동체, 생명공동체, 예술공동체를 이뤄나갔다. 죽음과 죽임의 직전에서도 함께 피와 눈물과 땀으로 20세기의 신화와도 같은 '공동체문화'를 생산해낸 것은 당시 광주시민들이 이룩한 5·18항쟁의 가장 위대한 성과이며 금자탑이고 정체성(아이덴티티)이다.

신군부의 정치적 야욕과 계엄군의 거대한 폭력 앞에서 ▲민주주의 사수 ▲자발적으로 전개한 시민공동체문화의 생산과 발현 ▲사람존중과 인간존엄을 최고의 가치로 승화시킨 생명문화의 존중 ▲'죽음으로써 죽음을 물리치고 죽음으로써 삶을 찾으려 한' 숭고한 정신 ▲극한상황에서 적어도 시민들끼리는 절도·강간·살인 등의 범죄가 전혀 발생하지 않고 헌혈과 생필품 나눠 갖기 전개 ▲한반도의 모든 비극의 DNA는 분단에서 비롯됐다는 자각과 깨달음이 되살아나면서 '오월에서 통일로' 가는 통일운동 ▲미국을 비롯한 강대국의 저강도정책에 대한 새로운 인식과 운동의 출현 ▲불교·천주교·개신교·민족종교 간의 종파를 초월하는 참된 나라를 위한 종교운동 ▲민족민주인간화를 부르짖으며 출발한 교육운동 ▲노동운동과 농민운동 ▲문학·출판·미술·음악·연희 등 예술의 각 장르가 함께한 경계를 허무는 문예운동 혹은 예술운동으로 5월 광주는 로컬섹티즘이 아닌 한국의 어느 지역, 세계의 어느 지역에서나 적용할 수 있는 보편적 가치로서 정치경제사회 문화적 특히 시민사회의 도덕적 모델과 새로운 세상을 향한 내일에의 전망과 전범을 제시하고 있다.

항쟁 당시에 써서 노래한 나의 시 「밤 10시」와 「금남로 사랑」 「아아 광주여 우리나라의 십자가여」에서 몇 대목을 옮기면서 1980년 그날의 광주정신을 들여다보려 한다. 1990년대를 기점으로 하여 포스트모더니

즘(postmodernism : 나는 이것을 '해체주의'로 번역한다)이 횡행하는 한국사회 속에서 광주정신을 되살리는 것은 얼마나 어려운 것인가를 알면서도 일찍이 인류가 끊임없이 추구해온 '공동선共同善'을 우리들 모든 사람들(혹은 것들)의 문화 속에서 거듭하여 보편적 가치로 영원히 자리잡게 해주어야 할 것이다. 「밤 10시」는 1980년 5월 20일, 광주시민들이 금남로 1가에서부터 5가까지 20여만 명이 쏟아져 나와 전 시민적으로 자유와 생명을 외쳤던 그 모습을 노래한 것이다. 이날은 택시 기사들이 자기의 전 재산인 택시를 계엄군에게 제물로 바친 날이기도 하다.

다음으로 「금남로 사랑」은 5·18광주항쟁 10일간, 남녀노소가 함께한 광주의 '찬란한 오월'을 노래한 시다. 과거 농경사회에서나 볼 수 있었던 인간공동체문화(혹은 두레공동체, 운명공동체, 절대공동체, 대동세상)가 재현된 자유의 광주Free Gwangju가 아름다운 봄날로 승화되고 있었던 것이다. 계엄군의 진압·봉쇄작전 속에서도 어깨와 어깨를 하나로 합한 시민들에게는 고향의 봄날처럼 인심이 천심이었다. 이것은 바로 광주항쟁의 덕목 중에서 최고의 덕목으로 회자된다. 장문으로 된 시 「아아 광주여 우리나라의 십자가여」는 항쟁 바로 직후, 〈전남매일신문〉을 통해 전 세계로 퍼져나간 광주항쟁을 최초로 서사화한 그러면서도 선언 manifesto이 담긴 시다. 때로 시는 전통적 서정시의 형식을 버리고 증언하는, 고발하는, 기록하는, 선언시로 노래할 수밖에 없는 것인데 당시 나는 불의에 맞서 온몸을 던지는 광주시민들과 엑스타시(접신)된 상태에서 불같이 이 시를 썼던 것 같다.

밤 10시

어둠 속에 불기둥이 솟고 있었다
끝없는 아우성 소리 밤바람 소리

더욱 참혹하게 일어서 달리는
사랑과 평화와 자유의 갈증들
아아, 밤이었다 불 꺼진 밤 10시
텅 비어 있는 죽음과 죽음 속에
가득히 담겨 소용돌이치고야 마는
저 역사에 대한 명백한 진리의
어둠 속에 부서진 라디오와
눈덩이처럼 얼어붙은 별빛이 뒹굴고
그러나 사람들은 결코 비겁하지 않았다

금남로 사랑

금남로는 사랑이었다
내가 노래와 평화에
눈을 뜬 봄날의 언덕이었다
사람들이 세월에 머리를 적시는 거리
내가 사람이란 사실을
처음으로 처음으로 알아낸 거리
금남로는 연초록 강 언덕이었다
달맞이꽃을 흔들며 날으는 물새들
금남로의 사람들은 모두 입술이 젖어 있었다
금남로의 사람들은 모두 보리피리를 불고 있었다
어린애와 나란히 출렁이는 금남로
어머니와 나란히 밭으로 가는 금남로
아버지와 나란히 쟁기질하는 금남로
할머니와 나란히 손자들을 등에 업는 금남로
할아버지와 나란히 밤나무를 심는 금남로

누이와 나란히 감꽃을 줍는 금남로
금남로는 민들레와 나비떼들의 고향이었다
그리움의 억세디 억센 끈질김이었다
그래, 좋다! 금남로는 멀리
청산으로 가는 길이었다 그래, 좋다!
금남로는 가까이 마을로 찾아가는 길
금남로는 어머니의 젖가슴이었다
우리가 한때 고개를 파묻고 울던
어머니의 하이얀 가슴이었다.

아아 光州여, 우리나라의 십자가여

아아, 광주여 무등산이여
죽음과 죽음 사이에
피눈물을 흘리는
우리들의 영원한 청춘의 도시여

우리들의 아버지는 어디로 갔나
우리들의 어머니는 어디서 쓰러졌나
우리들의 아들은
어디에서 죽어 어디에 파묻혔나
우리들의 귀여운 딸은
또 어디에서 입을 벌린 채 누워 있나
우리들의 혼백은 또 어디에서
찢어져 산산이 조각나 버렸나

하느님도 새떼들도

떠나가버린 광주여
그러나 사람다운 사람들만이
아침저녁으로 살아남아
쓰러지고, 엎어지고, 다시 일어서는
우리들의 피투성이 도시여
죽음으로써 죽음을 물리치고
죽음으로써 삶을 찾으려 했던
아아 통곡뿐인 남도의
불사조여 불사조여 不死鳥여

해와 달이 곤두박질치고
이 시대의 모든 산맥들이
엉터리로 우뚝 솟아있을 때
그러나 그 누구도 찢을 수 없고
빼앗을 수 없는
아아, 자유의 깃발이여
살과 뼈로 응어리진 깃발이여

아아, 우리들의 도시
우리들의 노래와 꿈과 사랑이
때로는 파도처럼 밀리고
때로는 무덤을 뒤집어쓸지언정
아아, 광주여 광주여
이 나라의 십자가를 짊어지고
무등산을 넘어
골고다 언덕을 넘어가는
아아, 온몸에 상처뿐인
죽음뿐인 하느님의 아들이여

정말 우리는 죽어버렸나
더 이상 이 나라를 사랑할 수 없이
더 이상 우리들의 아이들을
사랑할 수 없이 죽어버렸나
정말 우리들은 아주 죽어버렸나

충장로에서 금남로에서
화정동에서 산수동에서 용봉동에서
지원동에서 양동에서 계림동에서
그리고 그리고 그리고……
아아, 우리들의 피와 살덩이를
삼키고 불어오는 바람이여
속절없는 세월의 흐름이여

아아, 살아남은 사람들은
모두가 죄인처럼 고개를 숙이고 있구나
살아남은 사람들은 모두가
넋을 잃고 밥그릇조차 대하기
어렵구나 무섭구나
무서워 어쩌지도 못하는구나

(여보, 당신을 기다리다가
문밖에 나가 당신을 기다리다가
나는 죽었어요……그들은
왜 나의 목숨을 빼앗아갔을까요
아니 당신의 전부를 빼앗아갔을까요
셋방살이 신세였지만
얼마나 우린 행복했어요

난 당신에게 잘 해주고 싶었어요
아아, 여보!
그런데 난 아이를 밴 몸으로
이렇게 죽은 거예요 여보!
미안해요, 여보!
나에게서 나의 목숨을 빼앗아가고
나는 또 당신의 전부를
당신의 젊음 당신의 사랑
당신의 아들 당신의
아아, 여보! 내가 결국
당신을 죽인 것인가요?)

아아, 광주여 무등산이여
죽음과 죽음을 뚫고 나가
백의의 옷자락을 펄럭이는
우리들의 영원한 청춘의 도시여
불사조여 불사조여 불사조여
이 나라의 십자가를 짊어지고
골고다 언덕을 다시 넘어오는
이 나라의 하느님 아들이여

예수는 한번 죽고
한번 부활하여
오늘까지 아니 언제까지 산다던가
그러나 우리들은 몇 백 번을 죽고도
몇 백 번을 부활할 우리들의 참사랑이여
우리들의 빛이여, 영광이여, 아픔이여
지금 우리들은 더욱 살아나는구나

지금 우리들은 더욱 튼튼하구나
지금 우리들은 더욱
아아, 지금 우리들은
어깨와 어깨 뼈와 뼈를 맞대고
이 나라의 무등산을 오르는구나
아아, 미치도록 푸르른 하늘을 올라
해와 달을 입맞추는구나

광주여 무등산이여
아아, 우리들의 영원한 깃발이여
꿈이여 십자가여
세월이 흐르면 흐를수록
더욱 젊어져 갈 청춘의 도시여
지금 우리들은 확실히
굳게 뭉쳐 있다 확실히
굳게 손잡고 일어선다.

- 전남매일신문. 1980년 6월 2일자.

과거는 미래다 Past is future. 상기한 시편에서도 읽을 수 있듯이 '광주정신'은 시민들이 어떠한 상황에서도 '사랑과 평화와 자유'에 대한 열망으로, "죽음으로써 죽음을 물리치고 / 죽음으로써 삶을 찾으려"하는 '불사조'의 정신을 가지고 싸웠음을 의미한다. 그것은 '영원한 깃발'이며 '꿈'이고 '십자가'이면서 앞으로 광주뿐만이 아니라 오늘의 대한민국, 내일의 통일된 코리아, 그리고 세계의 모든 사람들이 기억해야 할 '청춘의 도시'로서 거듭나야 할 광주의 정신이라고 생각한다.

보통명사가 된 '광주'는 이제 대한민국 나아가 세계의 어디에서나 발견되는 또 다른 '광주들 many of Gwangju' 앞에, 혹은 '광주들' 속으로 들어가 서로 같이 1980년 5월의 그날처럼 아파해야 하는 것이어야 한다. 보다 아름다워져야 하는 것이다. 성스러워져야 하고 인류의 보편적인 진리와 가치인 나눔과 베풂, '사람생명'을 모든 이데올로기에 앞서 상위 개념으로 놓으면서 오늘과 내일 속에 역사해야 할 것으로 사료된다.

특히 나눔과 베풂은 인도의 '아마르티아 센(1998.노벨경제학상 수상)'이 강조한 것처럼 오늘의 세계를 구원할 수 있는 생명철학의 통로라고 말해도 좋을 것 같다. 바로 이 서로 간에 함께 나눔과 생명존중의 철학이 광주정신의 최고의 덕목이며 문자 그대로 미래를 위한 미션이며 패러다임으로 간주된다. 어쩌면 5월 그날의 광주는 한국 역사 혹은 세계의 역사 속에 한 알의 밀알로 떨어져 썩었다가 다시 뜨겁고 경건한 생명으로 '평화를 지키고 평화를 만드는 수많은 사람들Peace Keeper & Peace Maker'의 가슴 속에서 '양자역학量子力學'의 법칙으로 공존하고 있을 것이다. 너와 나, 이웃과 이웃, 사회와 사회, 지역과 지역 사이를 이어주면서 에테르기氣 혹은 인류에로의 보편적인 에너지를 불어 넣어주고 있을 것이다. '광주는 영원하다'는 화두가 앞으로 더욱 큰 역사적 감동과 설득력을 갖게 될 것이라 믿는다.

▲김준태(金準泰·Kim Jun-tae) 1948년 해남 출생. 1969년 전남일보·전남매일신문 신춘문예 당선, 월간《詩人》지로 나와 시집『참깨를 털면서』『나는 하느님을 보았다』『국밥과 희망』『불이냐 꽃이냐』『지평선에 서서』『달팽이 뿔』『쌍둥이 할아버지의 노래』『아아 광주여, 우리나라의 십자가여(Gwangju, Cross of Our Nation)』(영역시집)『광주로 가는 길(光州へ行く道)』(일어판시집)『물거미의 노래(Gesang der Wasserspinnen, Gedichte)』(독어판시집) 1995년《문예중앙》에 중편「오르페우스는 죽지 않았다」를 선보인 후 100편 액자소설 발표. 역서로 베트남전쟁소설『그들이 가지고 다닌 것들』(팀 오브라이언), 세계문학기행집『세계문학의 거장을 만나다』펴냈다. 저서 60여 권. 고교교사, 언론계, 5·18기념재단 이사장 봉직. 광주대·조선대학 초빙교수 재직.

광주전남시조시인협회 사화집 - 광주정신을 찾아서

강경화	강대선	강성남	강성재
강성희	강원산	강태산	고경자
고미선	고정선	곽호연	권현영
김강호	김교은	김기평	김난옥
김미진	김선일	김수진	김승재
김영자	김옥중	김 종	김진혁
김현경	김현장	김화정	나관주
노창수	노태연	문제완	문주환
박래흥	박성민	박성애	박정호
박정희	박진남	박현덕	백학근
서연정	손형섭	송선영	안천순
양기수	여동구	염창권	오미순
오재열	용창선	유춘홍	유 헌
윤갑현	윤삼현	이경로	이광호
이구학	이금성	이명희	이문평
이상호	이성구	이소영	이송희
이재창	이전안	이한성	임성규
임순희	전원범	전학춘	정경화
정문규	정혜숙	조민희	조윤제
차상영	최문광	최미선	최양숙
			최정애

망월동에서

강경화

널 부르는 노래는 간간이 들리지만
그리움 참다참다 또 찾아와 너를 보니
우리의 밀린 이야기는 해도 해도 끝 없구나

귀 어두운 이 노모에게 몸으로 건네는 말
꼬막 같은 내 손에 너의 말이 물이 든다
얼마나 이 엄마 부른 거니 온몸이 푸르구나

그간 놓친 말부터 귀담아 들어주마
그래그래, 웃자란 풀부터 뽑는다
손톱 밑 까매지는데 네 목소린 희미하구나

설 대목에

강대선

설 대목 눈앞인데 눈발이 날린다
생선 궤짝을 부숴 모닥불에 넣는다
그 해가 모닥불이었지
둥글게 불을 쬔다

언 손을 녹이며 막걸리를 마신다
폭설이 몰아쳐도 불꽃이 오른다
그 해가 불꽃이었지
둥글게 사람을 쬔다

오지 않는 봄날

강성남

뜨락에 봄길 여는 곱살스런 양지꽃
혼신을 땅에 묻고 다복다복 피웠건만
슬그미 노란 미소 훔쳐 와 눈물에 섞는구나

눈물 속에 보이던 광주의 꽃 양지꽃
노오란 옷고름을 풀지 못해 탄성이네
양지꽃 오직 한마디는 이 땅의 민주주의

오월 꽃등

강성재

갈참나무
숲길엔
멧비둘기 날아올라

민주가 오는 길목 철쭉 피가 흐른다

다시는
가지 않기를
너의 몸을 붙든다

가슴속엔 찔레꽃 피고 지는 꽃무덤

그곳이 어디인가
떠난 자 말이 없다

무등은
잊지 않을 것
가슴 저민 시간을

길문을 열고 들면 역사는 알고 있어
손 모아 합장하고 향 피운 광장에서

오월은
자비의 시간
연꽃등을 밝힌다

운동화

강성희

땀띠 돋은 운동화가
물고문을 당한다
무슨 죄를 지었길래
저리도 살벌하게
목덜미 욱여넣으며 자백自白을 강요할까

구정물 토하도록
숨 막히게 짓눌려도
빛고을에 맺은 언약
저버리지 못하고
온 세상 누비고 싶은 자유를 갈망한다

빈집

강원산

텃밭은
주인 잃어
잡초가 점령하고

빈집은
기척 없어
바람만 오고 간다

햇살이
엿보는데도
조는 듯 적막하다

민주의 땅

강태산

쿠데타 계엄군의 총칼에 주검이 된
아들아 내 딸들아 꽃다운 청춘이여
광주천 저 기러기 떼 슬퍼서 우는구나

진혼곡 울려퍼진 민주의 영령이여!
봄날의 꽃비처럼 새날이 돌아오면
시대의 아픔을 넘어 맘 편히 잠드소서!

온 세상 울려퍼진 빛이 된 민주성지
독재를 물리치고 민주로 돌아왔네
세계여 광주를 보라 민주의 땅 광주를

무등이 붉어질 때

고경자

핏빛 오월이 찔레꽃으로 피어나면
군인들의 총소리에 들끓던 함성소리
모두가 하나로 일어나 맨몸으로 외쳐댄다

어디에 묻혔는지 모르고 살았던,
돌아오리라 소망하며 보낸 시간이
생생한 기억 속에서 허망하게 빠져나온다

또다시 오월이면 두근대는 심장 소리
모난 시간 둥글게 말아 무등에 올라서면
붉어진 그림자 모여서 그리움에 젖어든다

5월의 소리

고미선

진흙탕 속에서도
연꽃이 피어나듯

희망으로 다가오는
달빛처럼 밝은 함성

오월의 푸른 미소가
무등 위에 길을 낸다.

5·18, 우리 이날은

고정선

비워도 꽉 찬 거리 폐허의 시간 속에서
말라버린 그림자가 비우는 빛 속에서
오래전 노랫소리가
무덤터 꽃이 되었다

허구에 물든 강산에 불어 넣은 뜨거운 숨
가야 하는 그 길의 경계에서 풀피리 불며
바람길, 바람 한 점 없는 날
곁을 준 미소를 생각했다

5월 비가 망월동 꽃을 달래고 지나가면
생피 같은 노을이 와 꽃향기에 눈을 맞춘다
언제나 너만 없다고
미안한 그리움이 아프다

민주여, 5월이여, 오래 머물 빛의 울음이여
어깨 잡고 못 부른 이름 부끄럽고 서럽다
산 자와 흙과의 재회
낮술 한잔이 꿈인 듯해

망월동은 아직도 선잠 잔다

곽호연

오월이 양지로 올라와도 시린 지금
이름 없는 꽃들이 꺾어 나간 일번지
아직도 헛 꽃이라는
헛 입이 다녀갔다

차창 밖 거리마다 이팝나무 가지마다
교련복이 카라 깃이 나풀나풀 내려본다
미안해 바로 볼 수 없다
세상없는 찬란한 꽃

록크라이밍

권현영

세월이 벽을 세워 따라 오라 꼬드긴다
바위옷 벗기면서 숨차게 오른 바윗등
가파른 벼랑에 매달려 쇠볼트를 내려친다.

바윗장에 몸 붙이고 돌 틈 실금 찾아내어
손가락 끝을 세워 전류를 흘려 넣고
살아온 생의 전부를 로프에 걸어 본다.

까맣게 타는 욕망 바위벽에 실어 놓고
가누지 못한 날들이여, 칼바람 맞서는가?
흙 없는 암장 틈에서 손을 뻗는 소나무.

전일빌딩

김강호

그때를 잊지 말라고
골근 깊이 박혀서

파문을 놓고 있는 탄흔 자리 245

번개가 어둠을 쪼개자
천둥이 와서 운다

오월의 씨앗

김교은

잿빛의 절망 속에 묻혀버린 작은 씨앗
침묵의 오랜 겨울 혼자서 견뎌내고
바람이 모질게 불어도
땅속 깊이 뻗은 뿌리

어머니의 눈물은 비가 되어 내리고
민주의 함성 소리 햇살 되어 비추네
마침내 싹 틔운 오늘
피어오른 연대의 꽃

어쩌다, 분재

김기평

몸을 틀고 꼼짝없이 그대로 있으라고
수족을 잘라 놓고 더 이상 크지 말라
아물지 못한 상처가 금남로를 닮았구나

순리대로 살아가는 자유가 필요해서
해무 낀 무인도 절벽 틈에 사는 나무
이제는 편견이 없는 우리로 살아야지

대한민국
- 2024년 12월 3일 비상계엄

김난옥

우주에 해와 달은 어김없이 동에서 서로
양극단의 스펙트럼에서 우리네 세상사는
구심점 운위云爲하지 않은 채
그 언제나 제자리로

저녁때 돌아오는 비어 있는 가슴은
자유 운운 집착 버린 묵묵한 가장들
이 나라 우두머리만
흔들흔들 취하니

미상불 응원봉 치켜든 젊은 혈기들
매서운 한파 아랑곳 구글 범프 끌어안아
한마음 흔들리는 바다
구국 정신 일념뿐.

5·18 아웃사이더의 고백

김미진

미명에 미리 헐어 물밀듯 무너진 하루
까치놀 붉은 점자 떠도는 불립문자
어디쯤 돌고 있을까, 널 향해 밤을 헌다

매체로 본 섬뜩한 그날 붉은 유성우들
타인의 고통*이 영화처럼 닿다 무뎌지는
어쩌면 복제된 통증, 그래도 그렇게라도…

＊타인의 고통: 수잔 손택, 『타인의 고통』.

빛고을 기상

김선일

흰구름 무릉지대 큰 빛에 어우르고
무등골 한 자락에 붉은 숲 가꾸었다
깊은 뜻 이 보금자리 철쭉꽃향 여문다

빛살 힘 곧은 지성 웅혼한 그 기상에
의로운 터전으로 바람길 열어간다
뿌리로 추스려 온 정 은행나무 도도함

지난한 고단함은 풀뿌리 의기 앞에
지나는 빗줄기로 화석된 시구로다
사랑이 피어나는 꽃 앞서가는 푸르름

5월의 이름으로 불러 보는 민주여

김수진

그날의 진혼곡이 심장에 박혀 있어
저녁놀 내려앉은 망월동 묘비 앞에
민주여, 님 불렀건만
꽃보다 먼저 졌구나

어둠 걷고 오마하던 그 말을 증언하며
낱낱의 젖은 옷에 수놓아 새긴 별님들
숨 가쁜 발걸음 소리
아린 가슴 돌아나간다

군홧발에 쓰러지고 뭉개지던 민주의 꿈
봄이면 붉은 슬픔 허공에 걸어두고
바람 속 굳게 서 있다
오월의 이름으로

오월 장미

김승재

총칼로도 꺾지 못한 장미꽃 붉은 함성

짓밟힌 구둣발에 꽃잎마다 성을 쌓아

앙다문 입술 밖으로 뻐꾹새 날고 있다

광주의 세레나데

김영자

불그레 노을처럼 광주는 온통 핏빛
한 덩이 주먹밥은 눈물로 젖어들고
딸아이 이름을 찾아 물망초가 된 사연

퉁퉁퉁 부은 맨발로 즐비한 관들 지나
동명인 앞에서 풀썩 앉은 절망가
엄마야 안길 것 같은 간절한 목소리가

환상의 허상인가 가눌 길 없는 정신
다람쥐 쳇바퀴는 몇 번을 헤매었나
꽃망울 피지 못한 채 영혼으로 해후한다

득음得音

김옥중

폭포수 소리를 뚫고
새 하늘 바라보며

목이 쉰 듯 맑은 소리
한까지 흐드러져

임방울
심장의 소리
쑥대머리 뜨겁다.

배중손 생각

김종

1
지체 없이 달려온 인간사 그 어디쯤에
산처럼 지켜선 역사가 산맥 하나쯤 가꿀 만한데
방파제 굵직한 허리만 뜨건 살을 허물거니

2
예감마저 목이 말라 하늘 난간에 걸리고
비 내리는 산골짜기엔 惡緣같던 개울물 소리
보기도 아스라한 불빛이 보살인 듯 다가올까

3
달맞이꽃 이파리마다 천년 꿈을 떨쳐보면
젖어 내린 가슴이 한 점 슬픔에 싸이더라만
그적지 등 돌린 청산이 우레 안고 누워있다

4
눈감아도 간곡하여 천만리 떠도는 구름
다가가 일으킨 절벽은 하늘 밖에 버려두고
지워도 돋아난 세월을 伐木으로 배 띄운다

5

제 얼굴 들여다보듯 심지 하나 밝혀두고
얼비치어 꽃술에 담긴 回軍하던 그 역사가
실타래 풀리듯 풀리듯 그 어디로 흘러왔나

6
이제는 선지피 더운 눈을 감고 바라보라
저녁 무렵 돋은 별빛이 군지기미로 내릴 때쯤
배중손 등 굽은 이야기가 미련처럼 타오른다.

＊裵仲孫: 고려 삼별초의 대장군

오월, 뿌리내리다

김진혁

붉은 숨을 토하던 오월의 그날이여,
금남로 불꽃이 어둠 찢으며 외치던
피로써 뿌리내린 이름들이 해를 밀어 올리네.

죽은 자의 눈동자가 산 자의 발걸음이 되네.
분단의 강물 가로지르며 오월의 다리로 엮어
통일의 뿌리를 박아 영원히 뻗어 오르리.

이제 우리 강산에 오월의 빛이 휘감아
남북의 창문마다 평화의 등불 번지며
한반도 푸른 들판에 민주의 꽃잎 피어나리라.

이팝나무

김현경

저물녘 새 한 마리 허공을 쪼아대고
흐드러진 이팝나무 흔들림에 젖어간다
수북이 떨어진 하얀 꽃잎이 들썩이는 신작로

그날도 그랬지 오월의 노래 부르며
허기진 눈빛으로 이팝꽃 바라보던
사람들, 핏빛 한 줌 움켜쥐고 분기탱천하던 날

아랫목에 묻어놓았던 주인 잃은 공기밥 한 그릇
켜켜이 쌓인 기다림 속 가슴은 식어가고
바람도 가슴이 에이는지 꽃가지만 움켜쥔다

경계의 해체

김현장

눈 감으면 금남로 가득 물감처럼 번지는

페퍼포그 연기 같은 자욱한 아우성

눈 뜨면
지난밤 발인하는
닭 울음소리

조밀한 신념과 성채 같던 시간들이

한 겹의 얇은 마음으로 빛 바래가는

어머니
뜨락에 피는
오월의 백모란꽃

아가야

김화정

어여쁜 아가야. 내 어깨 무등 태워
서림 지나 운림 건너 증심 안고 서석 가자
늘 푸른 가슴을 치며 손짓하는 그곳으로

이팝꽃 너울진 길, 5월 그날 그 길엔
해와 달 뭇별이 빛 닳도록 길을 튼다
고봉밥 높이 들고 선 어와둥둥 내 아가야

대한민국

나관주

백두 한라 태백 지리 두만 압록 청천 대동
한강 낙동 금강 섬진 골격이며 혈맥이다
대한은
대륙의 첨단
태양이 솟는 낙원

한배검 세운 요람 한강의 기적 이룬 곳
말도 하나 글도 하나 혈통도 하나인 땅
한글이
국어인 나라
남과 북의 공통어

발빠른 민주화 신바람 나는 고속성장
영재의 산실이며 첨단 산업의 보루
민족은
배달의 자손
이어받아 빛내자

국토가 둘이 아니니 국가도 하나이지
민족이 둘이 아니니 국민도 하나이지
국가는
민주로 통일
국민은 자유 시민으로.

무등산 솔방울

노창수

무등 오월이 깊다
자유로운 세포로

고픈 배 가득히
민주주의를 채우려

휘파람 오므린 입술
주먹밥을 먹는다

오월 광주

노태연

가지마다 매달린
그날의 붉은 흔적

비문에 새긴 비명
하나 하나 호명해

상처를 어루만지네
오월, 푸른 바람이

화정동 국군 통합병원

문제완

광주 국군통합병원 옛터 골목 걷는다
5·18 아픈 시간 절규들 남은 자리
굴뚝 속 울려 퍼지는 진혼곡 나팔 소리

탄성이 넘쳐났던 그 자리를 바라본다
환청 속 현장 소음 그림 되어 남겨지고
헌 시계, 태엽 감기듯 압박 같은 흔적들

살아남아 죄스러운 골목길에 비가 온다
덩그러니 휑 빈자리 철문은 잠겨 있고
긴긴밤 견뎠을 상처들 잡초 되어 자란다

그, 오월

문주환

꽃향기
무등을 타고
질펀하던 산하에

새벽이 올 때까지
밤새 울던 먹뻐꾸기

그, 오월
오동꽃, 아카시아가
통꽃으로 지고 있다.

소년의 칼날 눈빛

박래흥

하~얀 찔레꽃 피로 물든 오월에
땀을 뻘뻘 흘리며 피 흘린 꽃 넋들을
소년은 상무관으로 옮기고 있었다

종필아* 좋은 일 한다마는 오늘밤엔
집에 꼭 들어가라 안 가면 넌 죽는다
소년은 코웃음 치며 나를 힐끔 보았다

자유민주 정의평화 조국을 위하여
목숨 바친 안중근 윤봉길 의사처럼
의롭게
살라 가르친 나는 왜 비겁하게

여기 있으면 죽으니 집에 들어가라
위선자의 말을 왜 부끄럽게 했을까
주먹밥 먹을 때마다 피눈물 나는구나

오월이면 살아 있는 나는 죄인인데
꽃 넋을 지키다 죽은 너는 망월동에
영원히 부활하여서 샛별처럼 빛난다.

*안종필: 5·18 때 「소년이 온다」의 주인공 문재학과 같이 죽은 광주상고 학생.

사물이 거울에 보이는 것보다 가까이에 있음

박성민

날이 선 기억으로 눈뜨는 5월이면
길 위에서 꿈꾸던 노래들이 타오른다
거울 속 발목 빠진 새
한 마리가 울고 있다

날아가던 총알이 아직 여기 멈춰 섰다
죽지 못한 새들은 죽지에 얼굴을 묻고
불 꺼진 건물들 사이
그림자가 스쳐간다

머뭇대던 물방울이 미끄러져 떨어진다
허공을 허물면서 날아오는 메아리
금남로 길을 접어서
몸속에 말아 넣는다

아카시아꽃

박성애

매해 오월
흰 울음들

아카시아
그 꽃이네

도청 앞 광장에서 자유를 부르짖던 시민들, 상무대 안 관을 부여잡고
마른 울음 쏟던 소년도, 어둠 향해 불 밝히던 그날 함성처럼,
오월은 가슴 가득 사무치게 아카시아 꽃으로 흩날렸네

그렇게
오월 광장에서
흰 옷 입고
살풀이하네

말바우 지나며

박정호

담양에서
창평에서
햇귀 저며 디뎌왔네

거리에 펼쳐놓은 텃밭
그 안에 들어 앉으셨네

아무렴,
칠십 평생이
구부러져
닿은 바닥

가시장미

박정희

꺾어져 멍든 가시
망월에 묻힌 후에

기억 속 피켓 들고 함성만 외쳤지만

외면도 궤변도 이젠
장미보다 가시다

홀연히 기차 타고
광장으로 스며드니

노도의 반딧불들 산 자여 따르라고

민중에 핀 가시장미
오월의 밤 붉디붉다

광주정신

박진남

잊고 싶지 않습니다
울분 토한 그 함성을

학생들의 독립운동
시민들의 민주화운동

두 기운 빛으로 만나
세계 평화 이룸을

無等을 생각하며 · 5

박현덕

꼭두새벽
유리창 열면
망월 묘지
혼령들이

아파트 베란다에
가슴 추스린
새로 오는

오월은
안개산 만들고
종일 낮달
물어 올렸다

불 밝혀라, 광주여

백학근

어디 메 묻혀있나?
사랑하는 자슥들아

밟히고 찢긴 혼백
어느 구천 헤매는가?

말하라 무등산이여
불 밝혀라, 빛고을이여.

눈물 광주

서연정

때 없이 너나없이 눈물 콧물을 흘렸네
추악한 소문을 뱉듯 재채기가 터졌네
울어라 울어라 광주 울음을 삼키지 말라

불꽃놀이에 취해 허수아비 미쳐 돌 때
방독면 쓴 그들은 짐작인들 했을까
뜨겁게 첫울음 바치며 한 시대가 태어남을

골목골목 자욱한 최루탄 연기 속에서
만성비염을 달고 눈물로 큰 아이들
암흑을 두려워 않고 촛불을 켜고 있네

금남로에서

손형섭

무등산 정기 어린
빛고을에 동이 트면

민주를 갈망하는
정의의 깃발 들고

우리는
금남로에서
폭풍처럼 뛰었다

정의의 젊은 피를
자유의 붉은 피를

조국과 역사 앞에
뿌리며 쓰러지며

용광로
불덩이 같은
젊은 날을 던졌다

귀성록 歸省錄
- '오월'은 흐른다

송선영

이윽고 고향 땅은 야전장이 되어 갔다

서울발 꽃상여 하나, 한길 덮은 만장 행렬

치열한 '오월'의 밤이
운암동을 흔들었다.

가파른 망월 길의 징소리도 멀어지고

검게 탄 노점 언저리 두 노인의 긴 그림자....

고뿔 든 아침 태양이
빈 폐허를 쓸었다.

언덕 위 하늘 집이 안개 속에 잠긴 주일

대낮에도 촛불 켠 채 아, 얼룩진 말씀이여

목 붉은 통성 기도들
파도 타고 흐른다.

그날은 자비의 날이었다

안천순

80년 5월 21일 애국가와 귀를 찢는 총소리
죽은 자는 분명한데 책임자는 오리무중
그날은 사람의 자식 석가모니 탄신일

훈련된 정조준으로 불을 뿜던 M-16
무자비한 발길질에 짓이겨진 숱한 꽃잎들
피 흘려 지켜내려던 청죽 같은 자존감

빛고을 너른마당 드러낸 하얀 이빨들
둥근 해는 무에 그리 부끄러워 숨었을까
시퍼런 눈과 마음들 지켜내 온 순결함

덧없는 세월 속에 스러지는 붉은 피울음
살아남은 사람들은 무엇들을 남겼을까?
끝없는 공허한 외침 부끄러운 민얼굴

그 사람들이 광주사람들이여

양기수

우린 삶이 어려웠지만 정의로운 삶이었어.
열심히 일하며 땀 흘려 사는 삶.
조금은 힘든 삶에도 노력하며 살았어.

세상사 순리대로 조심스레 살았어.
배움은 없었지만 옳고 그름은 알았어.
가난한 삶이었지만 선비님의 삶이었지

신군부는 무력으로 권력을 차지하고
무력으로 민주주의와 순리를 짓밟았어.
그래서 우린 말했어. 옳은 것과 그른 걸.

그들은 우리를 설득하지도 않았어.
몽둥이와 총칼을 들이대고 휘둘렀어.
광주는 화가 치밀어 하나같이 일어섰어.

총소리가 들리고 몽둥이를 휘두를 때
나 거기 있었고, 너 거기 있었어.
태극기 높이 들고서 우리 모두 거기 있었어.

친구는 쓰러지고 누나는 끌려가고

폭압의 유린에 끓어오른 정의감에
우리는 흔들림 없이 그 모두가 하나됐어.

하나같이 외치는 뜨거운 함성들
우리 모두 깨어있어 흔들리지 않았어.
민주와 평화를 외쳤어. 태극기를 흔들며

어머니와 아짐은 주먹밥을 싸주셨어.
정의를 외치는 우리는 하나였어.
뜨거운 광장의 함성 너와 내가 하나였어.

우리 어찌 무난하리오. 어찌 주저하리오.
온 세상 파도같이 밀리는 총칼에도
새로운 민주주의를 하나되어 만들었어.

내세우지 않아도 보다 나은 내일을 위해
자신을 아끼지 않은 정의로운 사람들
사람들, 그 사람들이 광주사람 광주사람들이여.

미화요원의 일기
-광주의 금남로 거리를 보며

여동구

1
빛고을 광주 거리
예향으로 빛나더니

역사의 정기 이어 불의에 일어서고

타버린
목마름으로
솟아오른 분수대

2
민주를 외쳐대는 처절한 함성들이

금남로 거리마다
메아리치고 나면

수북이
널려 있는 종이는
무슨 말을 남길까?

3
밑바닥만 쓸고 다닌
모진 인생 삶이기에

새벽길 나선 대문
아내가 하는 말이

처자식
입이 몇 개요
중립을 지켜야 혀……

저, 두메
- 이산가족

염창권

그리움은 세월을 당겨놓은 주름이었다
그 마음에 기대면 두메처럼 그늘졌다
상봉의 탁자에 앉으니 몸에 뜨는 노을이다

모두들 울음의 강 하나씩 끌고 와서 먼 기억의 손 붙들고 물살처럼 굽이친다,

마음의 평생을 쏟아낸 이박삼일,
꿈이었나

상별의 손바닥이 유리창에 차게 닿자
그 사이로 실금 같은 선로가 끊어졌다
이랑진 손바닥의 길
또 건너지 못한다.

꽃의 기도

오미순

꽃이 핀다 꽃이 핀다
그대가 떠난 자리에
아련한 봄맞이 하는
그날의 물망초
가슴에 묻어 보련다.
긴 터널도 지나왔으니

이제야 피어났다.
배회하는 세찬 비에
홍차 닮은 엷은 색으로
숨기는 만삭의 슬픔
망월동
완행열차로 멀미하며 찾아왔다

봄 햇살에 지운다
아픔으로 흘린 눈물
그날의 일기장이 파편 되어 꽂혀도
꿈꾸는 초록 시간으로
너에게 기억되길

진혼곡
- 5·18 그 영령에게

오재열

아니 가도 될 자리
기 쓰고 뛰어 가드라

내 애물 몽달신아
잘 했다 이 녀석아

니 에미
너만 할 때도
의병 헌병 없었다냐

해방, 그 잘난 일월
몰고 온 존 세상에

애잔한 우리네 백성
배 뚜둘고 산다 했더니

산마을
들녘 개들만
몇 해 밤낮을 짖어쌌드라.

초롱 켠 눈망울들

철없는 횃불 들고

핏발 선 노랫소리가
웬 분수댈 그리 돌더니

하늘 땅 가슴 포개고
눈시울만 적시더라.

성한 뼈 모둑거려
모닥불을 지필거나

그 불도 강그라지면
피를 뿜어 쏘새기다가

망월동
달맞이 꽃밭에
개똥불로 춤출란다.

무자년 같은 가뭄에도
지 올라사 비가 오제-

돼지 머리 아니 괴고
기우제가 될까마는

나 봐라,
저승도 채 못 갔을
니 넋신 땜새 이런다.

5월의 노래

용창선

관현악 서곡에서 터져 나온 그날의 절규
민주를 외치다가 총칼에 베인 젊음
상여 탄 오월의 넋들이 우리에게 다가온다.

금남로의 죽음 넘어 신군부의 어둠 넘어
호곡하던 망월동에 또다시 달이 뜨면
쓰라린 빛고을이여, 상처 숨긴 무등이여.

공연 무대 한가운데 이승과 저승의 길
아들 잃은 노모의 가슴이 또 저리는데
꿈마다 철쭉꽃들이 피 흘리며 서있다.

그해 겨울
- 촛불, 민심을 논하다

유춘홍

눈보라 거슬러 광장에 모인 민심
바람 불면 꺼질 거란 예단에 불을 당겨
서로의 심지를 밝힌다.
어둠을 밀어낸다.

봄을 향한 발걸음 강물처럼 거침없어
날 세운 칼바람도 비켜 지난 그 자리
언 땅에 불을 지핀다.
새싹을 잉태한다.

역사의 수레바퀴 되돌려 묶으려는 자者
부릅뜬 눈망울에 광기狂氣는 퍼렇다만
앞선 자 되살린 외침
민주주의여 만세!

무등산

유헌

그해 오월, 무등산은 잠들지 않았다
벌떡 일어나 사관史官처럼 낱낱이 기록했다
온 산이 메아리가 되어 우렁우렁 울었다

지금 계엄군들이 몰려오고 있습니다
5·18 가두방송 여인의 붉은 외침을
온 산이 속울음으로 받아적고 있었다

다시 오월, 무등산은 여전히 깨어 있다
광주여, 빛의 혁명이여, 광장의 노래여
온 산이 응원봉을 들고
쩌렁쩌렁 외치고 있다

합수 윤한봉 생가에서

윤갑현

망명자로 낙인찍었던 합수선생 아시나요?

허리띠 풀지 못해 새우잠 자던 5·18 산증인

생가에
그대의 이름
합수로 서있다.

무등을 읽다

윤삼현

초록 한껏 물들어
무등은 허물을 벗고
촉 맑게 이마를 깨워
책을 펼쳐 읽는다
푸른 살
흰 뼈대가 넘기는
경전의 깊은 울림

적송의 기둥 틈새
터져나온 바다 한 장
성큼 큰 걸음으로
부정맥을 다독인다
보았다
누구도 대신하지 못할
저 대속의 물굽이.

그날의 진실

이경로

국민은 개돼지라 몽둥이가 약이요
밟히고 날아가던 백성은 흙과 먼지
보이는 즉시 뽑혔던
민중은 잡초였다

아픈 열매

이광호

민주화 비바람 친 오일팔 꽝! 주였네

빛고을 비치웇은 비 온 다음 빛이라니

궂은날 구지읒 땅지 아픈 열매 가꾸세

이주移住한 천불천탑

이구학

- 와불臥佛 근처
구름이 사는 절에 두 부처 바람났네
사내부처 계집부처 나란히 누워서는
천년을 사랑하고서도 일어나기 싫다하니…

감실龕室 속 두 부처는 먼 산만 바라보고
북두칠성 깜짝 놀라 왕방울 눈 부러려도
늦봄쯤 진짜 닭이 울면 깨우라며 다시 감네.

- 천불 천탑
그 소문 전해 들은 중장터 간 미륵불들
황망히 돌아왔는지 차림새 엉망진창
얼굴을 일그러트리고 여기저기 숨어있네

옥동자 낳아달라 손 모으며 쌓은 천탑
오월의 거리로 가 총검 맞서 누웠나니
발원發願은 보름달望月 품에 우뚝 우뚝 환생했네

우리 가는 길

이금성

죽은 가지 잘라내고
새순을 키워내니

민주라는 나무는
큰 뿌리를 내렸네

우리는
그 나무 잡고
대대손손 가리라

해마다 오월이면

이명희

원통함 풀 길 없는 금남로의 가로수들
작은 바람 한 점에도 벌떡증 누를 수 없어
가슴 속 피를 토하며 꺼이꺼이 울고 있다

하늘 향해 두 팔 벌려 아무리 소리쳐도
한평생 품은 상처 삭힐 길이 없어서
오월에 도지는 아픔 치유할 길 없어라

마른침을 삼키며 하늘 향해 솟구치며
온몸이 펄펄 끓어 들썩이는 잿빛 기억
선혈로 묶어둔 사연 죄명이 북을 친다.

촛불의 심장

이문평

밥그릇 빼앗기자 맺혔던 응어리들
자석*들의 몫마저 탐내는 서슬 앞에
부릅뜬 형형한 눈빛
결기 세워 꼬아본다

여태껏 남의 것을 넘보려 하지 않고
배 두들겨 박장하는 격양의 흥이 넘쳐
어울렁 더불어 함께 사는 게 낙이려니

한 빛을 품은 가슴 한결같이 따숩고
흔들리지 않는 심지 무등천지 밝힌 꽃
갈급한
목청들에게
표주박을 건네주다

＊자석: '자식'의 전라도 탯말.

매화꽃

이상호

매화나무 여린 숲에 걸어놓고 내려온
깡마른 손 하나는 시퍼런 칼날이 되었다
혹한의 중심을 딛고 깊숙이 박혀있는

영하의 귓바퀴를 오려내며 버티는
오랫동안 감당하기에 버거운 아픔일지라도
고단한 등불을 밝히며 향기로운 꽃이 되었지

봉긋봉긋 깨어나는 기침소리가 들리던
살갗 베이던 앙상한 가지에서 피어나는
한 송이 칼날이었던 연분홍 매화였던 거야

취모검

이성구

삶이란 게
한판 춤이라면
칼날 위의 춤일 텐데

훠이 ~
휘돌면
베일 수도 있으련만

내 칼은
왜 이리 무딜까
이다지도 무딜까

그날의 기억

이소영

애간장 녹아내린 만신창이 핏빛 꽃잎

무등에 울려 퍼진 비릿한 만장 행렬

그 오월 순례자의 길

봄꽃은 만발한다

그때 그 소년
- 한강, 「소년이 온다」

이송희

그들은 십대를 지나는 중이었어

   40여 년 세월 동안 교복을 입은 채 해마다 상무관 앞의 설움을 삼켰지 몸에서 빠져나간 수많은 어린 새들, 군용 트럭에 실려서 아무렇게나 버려지던, 땅속에 묻힌 소리가 귓가에 맴돌았지 열십자로 포개져 납작하게 짓눌린 꿈, 썩어가는 눈과 귀와 입들이 기억하는 잔혹한 오월의 문장이 금남로에 휘날렸어 아무도 기억하지 않은 우리의 장례식엔 그 흔한 국화꽃도 인사도 없었어

   저 멀리 빈 무덤 밖에
   소년이 날 바라봐

光州에 관하여
- 年代記的 몽타주 · 12

이재창

금남로 걷다 보면 생각난다, 민주주의여
푸른 하늘 죄 없어도 떨려오는 가슴 아래
오늘은
너에게 안부를 묻는다
머나먼 그리움의.

생각나지 않느냐, 지울 수 없는 함성들이
잊혀지지 않는구나, 떠나갔던 친구들이
사람이
사람으로 태어난
그 인식의 죄업 끝에.

오월이 돌아오면 가슴이 떤다, 민주주의여
너는 지금 어느 땅 밑 숨죽여 누웠느냐
철쭉꽃
장미꽃 팬지꽃
모두 만발한 이 봄날에.

무등산에 관하여

이전안

해가 뜨는 무등벌에 아침이 오는구나.
광주항쟁 피눈물이 약수로 솟아 흐르는 산
남녘땅
뻗어간 세계
살기 좋은 빛고을.

대한의 힘이 뭉쳐 우뚝 솟은 저 서석대
사랑이 아름다운 빛을 뿌린 천왕봉에
오늘도
푸른 해가 솟아
바람마저 쉬어간다.

지구촌 명산이여 유네스코로 무등산
억만년 쌓인 꿈이 하늘 향해 우뚝 솟고
광주의
눈물 무등산
청사에 푸른 빛 되네

5·18 광주
- 45주년에 부쳐

이한성

양지바른 담장 밑에 맨드라미 심지 마라
절망으로 무너진 가슴 시퍼렇게 멍들었다.
살아서 더 부끄러운
죄인들이 사는 도시

45년 전 그날은 벼락 치는 공포였다.
깃발 없는 진압군에 짚불처럼 쓰러진,
수많은 그들의 내일
우리의 오늘이다.

난민

임성규

너의 굽은 손가락이 은하수를 가리킬 때
출렁이는 밤하늘에서 우는 소리를 들었다

어디로 가는 것일까
끝없는 눈빛들은

바다에 새겨 놓은 해도를 따라가다
차가운 바람이 뱃머리에 닿을 때

지등에 이름을 달아
날리는 꿈을 꾼다

부서지는 포말에 감싸인 암초들

어디쯤 떠다니는 네 얼굴을 만날까

어둠 속 등불을 켜고 내려오는 새벽하늘

광주호

임순희

계엄령이
해제되자
호수 둑을 걷는다

무등산
속울음을
아픔으로 받았다

휘어진
버드나무 가지
떨린 손도 꽉 잡았다

오월

전원범

한바탕 또 그렇게
꽃 잔치를 치른 산야
올해도 오월은 저 혼자
불타고 있다
힘들여 태엽을 감는 남도의 초여름

세상의 푸른 잎들이 모두 다 자라나서
죽은 자의 슬픔을
덮어 주고 있구나
보이지 않는 곳 어디선가
깃을 치는 새 떼처럼

낮달 하나 쓸쓸하게
산을 넘고 있다
세상의 온갖 소음 하나씩 비끼어 가듯
인연의 끈을 놓으며
먼 곳으로 가고 있다.

눈 덮인 무등산

전학춘

하얀 눈 공중에서 몸 흔들며 내려온다
겨울 내내 보고 싶다 갈증하며 기다리던 눈
하늘이 주시는 일월의 축제,
고마움 드리고 싶다

친근하고 장웅한 광주의 얼 무등산 찾아
높으신 우리 지붕은 지금 어떤 형상일까
겸손한 작은 얼굴 숙여 첫눈인사 하고 싶다

땅과 나무 긴 산길들 고요의 서설 쌓이고
계절 맞은 반듯한 만남 발목 흔들려도
무등을 향한 사랑의 심정
글로 적으며 살고 싶다

이팝꽃 필 때

정경화

누운 봉분 지키고 사는 먹뻐꾸기 한 마리
해마다 이맘때면 목울대를 치켜세워
깨운다, 선잠 든 영령
네 음절로 일·어·나·라

교련복 심장 뚫고 터지던 팝콘 소리
그 하늘 비릿한 꿈 가위눌린 혼백들아
오월의 어머니가 차린
고봉밥을 받아라

따뜻한 밥 한 그릇 못 먹고 간 내 자식아
망월 묘지 가는 초입 꽃봉오리밥 담았으니
꿈엔 듯 눈 번쩍 떠서
피 맺힌 속을 풀어라

오월 광주光州

정문규

은총은 어디 가고 총부리 겨눴던가
시민군, 진압군이 무슨 죄 있었던가
주먹밥 만든 가슴에 딸기꽃이 서럽다

빛으로 살려는데 빚으로 살고 있다
똑바로 살려는데 역사마저 휘어졌다
그래도 무등산만은 토닥거려 힘난다

그날

정혜숙

차 씨 별장 딸기밭에서 화약 냄새 맡았어요
아카시아꽃이 지고 장미꽃 붉던 무렵
멀리서 가까이에서 화급하던 전언들

높낮이 없는 톤으로 표정 없는 얼굴로
그날을 기억하는 상흔 아직 검붉어요
선명한 5월의 문장紋章 삭제할 수 없어요

그때 그 이야기는 멀찍이 놓아둔 채
아무 일 없었다는 듯 꽃들은 피고 지고
여전히 기차는 달려요
극락강 건너 칙칙폭폭

무등 서설瑞雪

조민희

웅크린 잠에서 깬 상고대 여인들이
곧은 뼈 주상절리 이물없이 손도 짚고
흰머리 휘휘 날리며 무돌뫼에 오른다

그믐밤 건너, 건너 창에 스민 달빛 난장
닥나무 쪄서 우린 한지 몇 장 뜨는 새벽
한가슴 어머니 덕담 봉긋이 드러난다

한 번도 역적 자식 낳은 적 없는 골짝
배역의 땅이라니… 오명을 털어내며
불땀 그 깊이를 재는 무등이 길을 연다

오월의 모다깃비

조윤제

그 비가 겨우내 음지의 눈더미를
찬비로 녹여가며 쓰라리게 머물러
따뜻한 봄은 왔건만 잎은 차갑네

해묵은 장독대 항아리 뚜껑 위에
피눈물 되어 방울방울 모여들어서
그 오월 처절하고 슬픈 이야기로 머문다

못매로 채찍비로 내리던 그 비가
찔구나무 가시 끝에 은구슬처럼 머물러
귀엽게 움트는 새싹을 지그시 바라본다

별이 되어 잠든 님

차상영

나비 같은 모습으로
언제나 푸르른
하늘의 문턱을 넘은
사진 속의 환한 얼굴
모두의 슬픔을 안고
어둠 속 빛난 별이여

고매하고 맑은 마음
영혼의 날개, 펼친 손길
오늘의 고통을
멈추게 한 위로였네
눈물 속 조용히 피어나는
불꽃 같은 기도여

훗날 당신을 위해
살아갈 민중의 숨결
민주의 씨앗이 자라는
꽃향기 나는 기억의 길
이처럼, 현란하게 빛나는
푸른 숲이 펼쳐지리니

29만 원 먼 여행

최문광

교련복 입은 채로 주먹 쥐고 나간 아들
관통에 치를 떨며 먼 산 보고 입술 문다.
묘비를 만질 때마다 검은 울음 되풀이를

왜 이래
니~가 내주라!
되려 한술 더 떴던

사죄 뭘! 아흔 살, 생 눈총 맞고 나락으로

무등산 중얼거리며

사람도 아녀!

사람도

이슬

최미선

멈추지 못한
그날에 묵념하고

피울 수 없었던
꽃들의 밤을 애도하며

새벽의
가슴에 맺힌
눈물방울의 음표들

당신은 오월에 맞춰져 있다

최양숙

연둣빛 새싹들이 가지마다 피어날 때
흑장미 붉은 잎이 이슬에 반짝일 때
잠깐만 다녀오마고 약속하고 나갔죠

둥글게 휘저으면 부푸는 거품같이
내 마음 휘저으면 당신이 웃고 있어요
월급 타 고향 가자던 오월 어디 있나요

갑자기 재채기하다 놓쳐버린 기억처럼
어디로 사라졌다 금방 올 수 있다면
가을도 오월이에요 겨울도 오월이에요

당신을 빼앗아간 그날은 견디겠습니다
당신이 아파하던 거리도 지키겠습니다
당신이 두고 간 사랑 영원히 간직하겠습니다

갈피끈을 넘기며

최정애

하얀 연기 까맣게
그을리던 오월 광주

퉁퉁 불은 밥알처럼
충혈된 눈이었지

도청 앞
쓰러진 청춘들
찔레향만 가득한데

| 서화 작가 약력 |

기경숙(奇京淑)
호 송현(松賢). 호남대학교 미술학과 한국화 전공. 개인전 9회, 초대 및 단체전 300여 회. 사)한국서도협회 광주전남지회장, 문화예술교육사, 보건대 평생교육원, 학생독립운동기념회관 평생교육원, 빛고을 건강타운 강사. 현재 한국미협 이사. 한국문인화협회, 남도수묵회, 한국화여류화가회 실사회, 호우회, 송우회 회원. 송현갤러리 운영.

김용준(金容準)
호 금당(錦堂). 남농 허건 선생 사사. 전국무등미술대전 운영위원·심사위원·초대작가. 전라남도미술대전 한국화심사위원·서예멋글씨분과위원장. 대한민국남농미술대전·소치미술대전 심사위원. 정수미술대전 문인화분과 심사위원장. 어등미술대전·순천미술대전 심사위원, 강원도실버미술대전 총심사위원장. 대한민국 한국화대전 심사위원.

김종(金鐘)
1971년 제8회 월간문학신인상(시조), 1976년 중앙일보 신춘문예 시 당선. 시집『밑불』『배중손 생각』『그대에게 가는 연습』『물의 나라에서 보낸 하루』등 13권. 신동아미술제 대상. 광주·서울·부산·대구·대전·전주·과천 등 작품전 14회. 동양서예대전 초대작가 및 추사서예대전 초청작가 및 제26회 추사선생 전국휘호대회 심사위원.

김진혁(金珍赫)
호 한솔. 1984년 시조문학 등단. 시조집『바람으로 서서』『술잔 속에 넘치는 바다』『청동하늘을 그리며』『내 마음은 작은 두레』『나무 날다』, 가사시집『돌 속에 핀 노래』등. 세종한글서예 초대작가. 농업인 서예대전 우수상 초대작가. 공무원미술전 초대작가.

오정근(吳正根)
호 모전(慕田). 한국예술문화명인(서예-전각새김/ 명인 제R20-06-05-19호). 대한민국미술대전 심사위원, 운영위원, 초대작가. 한국예술문화명인진흥회 전남광주지회장.

| 광주전남시조시인협회 회원 약력 |

강경화
2002년 《시조시학》 등단. 시집 『사람이 사람을 견디게 한다』 『나무의 걸음』 등.

강대선 약력
2019년 동아일보 신춘문에 시조 당선 등단. 《시와사람》 시 등단. 시조집 『가시는 푸름을 키워』.

강성남
2007년 《시조시학》 등단. 시조집 『흑백사진』, 동시집 『하얀 미소』, 동요집 『새싹』, 시집 『그리운 사람들』.

강성재
2024년 서울신문 신춘문에 시조 당선 등단. 2017년 지용신인문학상 시 당선 등단. 시집 『가난한 영혼을 위한 노래』 『그 어디에도 살지 않는다는 말』.

강성희
2012년 《시조시학》 등단. 시집 『바다에 묻은 영혼』 『명창, 울돌목』 『소리, 그 정겨운 울림』.

강원산
2022년 《시조미학》 등단.

강태산
2019년 《아시아서석문학》 등단.

고경자
2018년 《나래시조》 등단. 시조집 『고요를 저울질하다』.

고미선
2011년 《문학마을》 등단. 시집 『너에게로 가는 길』.

고정선
2017년 《좋은시조》 등단. 시조집 『눈물이 꽃잎입니다』 『노을 든 몸 아득하다』 『달의 입술을 훔치다』.

곽호연
2017년 《시조시학》 등단. 시조집 『비를 안아 주었다』.

권현영
2001년《문학춘추》등단. 시집『생각의 모자를 쓴 영혼』.

김강호
1999년 동아일보 신춘문예 당선 등단. 시조집『당신 생각 소나기로 쏟아지는 날』외 다수.

김교은
2023년《시조시학》등단. 시조집『툭툭 터지는』.

김기평
2020년《한강문학》등단. 시조집『소를 수리하는 男子』외.

김난옥
2024년《문학춘추》등단.

김미진
2020년《월간문학》등단. 시조집『빵의 전개도』.

김선일
2023년《부산문학》등단.

김수진
2019년《시조시학》등단. 2022년《열린시학》시 등단.

김승재
2013년《시조시학》등단. 시집『대왕암 억새』『돌의 울음』외.

김영자
2019년《시조시학》등단.

김옥중
1980년《시조문학》등단. 시조집『빈 그릇』『금강초롱꽃』『매창 시비 앞에서』『돌감나무』.

김종
1971년《월간문학》신인상 입선,《시조문학》등단. 1976년 중앙일보 신춘문예 시 당선. 시조시집『밑불』『배중손 생각』, 육필시조시집『물의 나라에서 보낸 하루』, 시집『장미원』『그대에게 가는 연습』『독도 우체통』, 가사시집『간절한 대륙』등 작품집 13권.

김진혁
1984년《시조문학》등단. 시조집『바람으로 서서』『술잔 속에 넘치는 바다』『청동하늘을 그리며』『내 마음은 작은 두레』『초록별 사랑』『나무 날다』, 가사집『돌속에 핀 노래』.

김화정
2010년 영주일보 신춘 시조 등단. 2008년《시와상상》시 당선. 시조집『그 말 이후』, 시집『맨드라미 꽃눈』등.

김현경
2023년《시조시학》등단, 2022년《열린시학》, 2023년《문예사조》동시 등단.

김현장
2022년 중앙일보 신춘 시조상 등단. 시조집『느루』.

나관주
1995년《월간 문학공간》에 시조, 수필 등단.

노창수
1991년《시조문학》천료 등단. 1973년《현대시학》추천, 1979년 광주일보 신춘문예 시 당선, 1992년《한글문학》평론 당선. 시집『거울 기억제』외 5권, 시조집『슬픈 시를 읽는 밤』외 2권. 비평집『한국 현대시의 화자 연구』외 7권.

노태연
2021년《시조시학》등단.

문제완
2012년 제주 영주일보 신춘문예 시조 당선,《시조시학》등단. 시조집『꽃샘강론』.

문주환
1998년《시조세계》《문학춘추》, 1999년《월간문학》등단. 시조집『땅끝귀거래사』『전라도 가는 길』등.

박래흥
2006년 월간《모던포엠》시조 등단. 2009년《수필시대》등단. 시집『시를 쓰는 꽃』『미움, 넘어 그리움』『봄꽃 따라 임에게』『철조망에 걸린 반달』, 수필집『시공을 떠돌다 간 바람』.

박성민
2009년 서울신문 신춘문예 시조 당선 등단. 2022년 전남일보 신춘문예 시 당선. 시집『쌍봉낙타의 꿈』『숲을 숲으로 읽다』『어쩌자고 그대는 먼 곳에 떠 있는가』.

박성애
2007년 《시조시학》 등단. 1998년 《문예사조》 시. 시조집 『새 백악기의 꿈』 『마음 첩첩 꽃비』, 동시조집 『풍선껌』 『지구여행』.

박정호
1988년 《시조문학》 추천완료. 시집 『빛나는 부재』.

박정희
2021년 《시조시학》 등단.

박진남
1996년 《문학춘추》, 1997년 《문학21》 시조 등단. 중앙 문단에선 '해원'이라는 법명으로 작품 발표함. 시조집 『자장가』.

박현덕
1987년 《시조문학》 천료, 1988년 《월간문학》 시조 당선 등단. 시집 『와온에 와 너를 만난다』 외 다수.

백학근
2011년 《문학춘추》 시조 등단. 시조집 『가을 그리고 겨울』 『두루뭉수리』 등.

서연정
1997년 중앙일보 지상시조백일장 연말장원, 1998년 서울신문 신춘문예 시조 당선 등단. 시조집 『먼 길』 『문과 벽의 시간들』 『무엇이 들어 있을까』 『동행』 『푸른 뒷모습』 『광주에서 꿈꾸기』 『인생』 『부활의 방식』, 단시조집 『투명하게 서글피』.

손형섭
2023년 《월간문학》 등단. 시조집 『눈 내리는 저녁』 『새벽』.

송선영
1959년 한국일보, 경향신문 신춘문예 시조 당선 등단. 시조집 『겨울 備忘錄』 『두 번째 겨울』 『어떤 木碑銘』 『활터에서』 외.

안천순
2009년 《서석문학》 시조 등단. 2000년 《지구문학》 시 당선. 시집 『금남로에서 탈출을 꿈꾸다』.

양기수
2008년 《현대문예》 시조 등단. 1996년 《문학세계》 수필 신인상.

여동구
1984년 《시조문학》 등단. 시조집 『심해지는 기후 재앙 내 탓입니다』.

염창권
1990년 동아일보 신춘문예 시조 당선 등단. 시조집 『오후의 시차』 외. 평론집 『존재의 기척』 외.

오미순
2019년 《시조시학》 등단. 시조집 『꽃의 기도』.

오재열
1982~1984년 《시조문학》 천료. 시조집 『어머니 당신의 고향』 시조전집 『사모곡』.

용창선
2015년 서울신문 신춘문예 시조 당선 등단. 시집 『세한도歲寒圖를 읽다』.

유춘홍
1990년 《시조문학》 천료. 시조집 『회초리 연가』.

유헌
2012년 국제신문 신춘문예 시조 당선 등단. 2011년 《月刊文學》 신인상, 《한국수필》 신인상. 시조집 『온금동의 달』 『노을치마』 『받침 없는 편지』, 수필집 『문득 새떼가 되어』.

윤갑현
2011년 《시조시학》 등단.

윤삼현
1986년 《시조문학》 등단. 1982년 광주일보 신춘문예 동시, 1983년 동아일보 신춘문예 동시, 1988년 광주일보 신춘문예 동화 당선. 시조시집 『뻐꾹소리를 따라가다』, 동시집 『지구본 택배』, 동화집 『백년을 기다린 대나무꽃』 외.

이경로
《동산문학》 등단.

이광호
2015년 《창작21》 시조 등단. 2015년 《창작21》 시 등단. 시집 『ㄱ에 대하여』 『모양 닿소리』 『옳다는 말 궁금하여』 등 6권.

이구학
2000년 《열린시학》 등단. 시집 『가면의 나라』 『나 지금 여기 있기에』, 수필집 『좀 게

으른 자의 반 미친 야그』.

이금성
2023년 《시조시학》 등단.

이명희
2005년 《시조세계》 등단. 《문학춘추》 시 신인상. 시조집 『느낌표로 웃고 싶다』 『주머니 속 그리움』 『바람의 랩소디』, 시집 『꽃은 저 홀로 피어』.

이문평
2022년 《월간문학》 시조 등단. 2010년 《한국문학정신》, 2011년 《아시아서석문학》 시 등단. 시집 『화르락 화르락』 『명태, 날다』.

이상호
2008년 《시조시학》 등단. 『자벌레 부처님』 『풍경』 등.

이성구
2013년 《시조시학》 등단. 시조집 『뜨거운 첫눈』.

이소영
2023년 《시조시학》 등단.

이송희
2003년 조선일보 신춘문예 시조 당선 등단. 시집 『내 말을 믿고 가면 너의 말이 따라오고』 외 6권, 평론집 『유목의 서사』 외 4권, 연구서 및 그 외 저서 『현대시와 인지시학』 외 1권.

이재창
1979년 《시조문학》 2회 천료 등단. 1987년 중앙일보 신춘문예 시조 당선. 1991년 《심상》 신인상 시. 문학평론집 『아름다운 고뇌』, 창비 6인 시조집 『갈잎 흔드는 여섯 악장 칸타타』, 시조집 『거울論』 시집 『달빛 누드』 등.

이전안
2000년 《시조문학》 등단. 경상일보 신춘문예 시조 당선. 시조집 『달 그리운』 외 7권.

이한성
1972년 《시조문학》, 《월간문학》 신인상 당선 등단. 시집 『경계를 걷다』 『물밑에 불을 놓다』 『바람구멍』 『전각』 『가을 적벽』 『볏짚, 죽어서도 산다』 『작은 것이 아름답다』 『신을 끄는 보름달』 『과정』 외.

임성규
1999년 《금호문화》 시조상 등단. 시집 『배접』 『나무를 쓰다』 『바늘이 쏟아진다』.

임순희
2020년 《시조시학》 시조 등단. 2000년 《문학춘추》 시 등단. 시조집 『눈이 닿아 꽃이 되다』 『마지막 잎새 붉은 노래』, 시집 『그대 아침』.

전원범
1978년 전국민족시백일장 시조 장원, 1978년 《시조문학》 천료 등단. 1981년 한국일보 신춘문예 시조 당선. 1972년 전남일보 신춘문예 동시 당선, 1981년 《시문학》 시 천료. 시조집 『걸어가는 나무』 『이 걸음으로 언제까지나』 『맨몸으로 서는 나무』 『허공의 길을 걸어서 그대에게 간다』 『전원범문학전집』(시/ 시조/ 동시/시선집).

전학춘
2003년 《현대시조》 등단. 시조시집 『화려한 침묵』 『동백의 해로』 『직선적 발자국』 『겨울 그리고 연』 『떨리면 그냥 떠세요』.

정경화
2022년 매일신문·경상일보 신춘문예 시조 당선.

정문규
2024년 《시조시학》 등단. 2001년 《문학춘추》 동시 신인작품상. 동시집 『춤추는 지구본』, 시집 『그대가 행복했으면 좋겠습니다』 『입술』 『텔레파시』 외 다수, 한시집 『가슴 속에 피는 꽃』.

정혜숙
2003년 중앙일보 중앙신인문학상 시조 등단. 시조집 『앵남리 삽화』 『흰 그늘 아래』 『거긴 여기서 멀다』, 선집 『그 말을 추려 읽다』.

조민희
2010년 조선일보 신춘문예 시조 당선 등단. 시조집 『은행잎 발라드』 『나비날개 무늬를 읽다』 『복숭아밭에 내리는 봄비』 등.

조윤제
2020년 《시조시학》 등단. 2017년 《문예사조》 시 신인상 당선. 시조집 『댓잎에 이는 바람소리』, 시집 『아름다운 강진만』 『모란이 지고 나면』 『없는 듯이 어느 틈새에』.

차상영
2018년 《시조시학》 등단. 2025년 오륙도신문 신춘문예 동시조 당선. 《문학춘추》·

《시와동화》 신인상. 시조집 『시와 동백』, 동시조집 『노랑나비 정류장』.

최문광
2019년 《시조시학》 등단. 시조집 『꽃신 띄운 자리』.

최미선
2018 해남문인협회 전국시조백일장 대상, 2018년 《시조시학》 등단. 시조집 『이슬』.

최양숙
1999년 《열린시학》 등단. 시조집 『활짝, 피었습니다만』 『새, 허공을 뚫다』 『종소리에는 마디가 있다』.

최정애
2023년 《시조시학》 등단.